U0153133

清晰論法

清溪公司法研究會論文集II
2018年新修正公司法評析

黃清溪、鄭貴中、吳軒宇、詹秉達、莊曜隸、林欣蓉
吳和銘、江佩珊、鄭宇廷、游聖佳、朱雅雯、吳　姮
黃偉銘、楊有德、魯忠軒、黃鋒榮｜著

五南圖書出版公司 印行

序文

　　過去，本研究會在黃清溪老師的帶領下，對於我國公司法理論架構及條文規範持續不斷的研究，陸續出版清晰論法系列書籍：公司法爭議問題研析——董事篇（2015年9月）、公司法基礎理論——董事篇（2016年1月）、公司法爭議問題研析——股東會篇（2017年8月）及公司法基礎理論——股東會篇（2017年8月）等四冊，承蒙學界及法界各位先進之鼓勵與支持，讓本研究會能在公司法研究領域繼續耕耘與播種，謹此敬表謝意。

　　從2016年出現公司法修正消息開始，本研究會除正式研提修正條文之建議案外，亦持續關注公司法修正草案內容之變動，以及各界對於草案條文的意見；在2018年7月通過公司法部分修正條文後，對於新修正的條文內容，研究會逐條檢視規範內容是否適宜，與公司法之理論架構是否有所扞格，並對此次公司法修正撰寫評析文章，希冀能對我國公司法未來修正提供微小的建議，並作為實務及條文之間的橋樑。

　　本次公司法修正幅度甚大，涉及的範圍亦廣，有很多值得大家探討的問題，由於本研究會人力單薄，又受限於時間與篇幅，本書僅能選擇性針對部分議題提出研究報告，並以論文集方式呈現，仍是秉持拋磚引玉的初衷，期待各界不吝鞭策賜教。

社團法人清溪公司法研究會　謹識

序　　　　　　　　　　　　　　　　　　　　　　　　　　　　I

目錄

1　企業社會責任的一般規定落戶到公司法是否適當？黃清溪 1

壹、前言　　　　　　　　　　　　　　　　　　　　　　　1
貳、美國的情況　　　　　　　　　　　　　　　　　　　　2
參、德國的情況　　　　　　　　　　　　　　　　　　　　5
肆、日本的情況　　　　　　　　　　　　　　　　　　　　8
伍、三國立法的解讀　　　　　　　　　　　　　　　　　　12
陸、我國公司法修改的評論——代結論　　　　　　　　　　15

2　公司法第8條第3項之修正　　　　　　　　　鄭貴中 17

壹、本次條文修正內容　　　　　　　　　　　　　　　　　17
貳、修法後條文適用範圍疑義　　　　　　　　　　　　　　17
參、分析與評論　　　　　　　　　　　　　　　　　　　　18
肆、結論兼修法建議　　　　　　　　　　　　　　　　　　21

3　有限責任轉投資鬆綁與限制之研究　　　　　吳軒宇 23

壹、新舊條文及修法理由　　　　　　　　　　　　　　　　23
貳、修法評析　　　　　　　　　　　　　　　　　　　　　24
參、結論　　　　　　　　　　　　　　　　　　　　　　　27

4　公司法第22-1條之簡評——從洗錢防制之角度談起詹秉達 29

壹、導言　　　　　　　　　　　　　　　　　　　　　　　29

貳、公司法第22-1條之內容及其立法理由 30

參、公司法第22-1條應納入重大控制權人之概念 32

肆、若有複數表決權或對於特別事項具有否決權之股權結構
者，應納入申報之範圍 34

伍、公司法第22-1條第4項所規定廢止公司登記之法律效果，
恐有侵害非控制股東權益之虞 36

陸、代結論 37

5　有限公司之揭穿公司面紗修法評析　　莊曜隸　39

壹、前言 39

貳、揭穿公司面紗原則之適用客體與要件 40

參、修法評析 45

6　論法人設立之一人股份有限公司之董監配置　　林欣蓉　47

壹、前言 47

貳、法人一人股份有限公司由董事會執行股東會職權 48

參、法人一人股份有限公司之董事會及董事配置態樣 55

肆、法人一人股份有限公司監察人配置 58

伍、建議及結論 60

7　論無票面金額股與資本原則之關連　　吳和銘　63

壹、前言 63

貳、資本原則仍應保留之理由 65

參、與無票面金額股相關之若干問題 71

肆、結論 74

8　黃金股──特定事項否決權股之行使及問題　　江佩珊　**77**

壹、特別股──黃金股之立法沿革　　77

貳、歷史背景　　79

參、黃金股之意義、特別事項之界定及相關疑義　　80

肆、立法之檢討　　82

伍、結論　　83

9　公司法修法評析──複數表決權特別股　　鄭宇廷　**85**

壹、前言　　85

貳、淺談雙層股權結構之意義　　86

參、2018年公司法修法關於特別股之修正　　87

肆、結論　　100

10　試評公司法第173-1條「大同條款」　　游聖佳　**101**

壹、107年新增訂之公司法第173-1條大同條款起源　　101

貳、新增訂第173-1條「大同條款」探討　　104

參、結論　　116

11　論表決權拘束契約與表決權信託之行使與問題　朱雅雯　**119**

壹、前言　　119

貳、表決權拘束契約　　120

參、表決權信託　　123

肆、表決權拘束契約與表決權信託之異同　　130

伍、結論　　131

12　未設置董事會公司規範之評析　　　　　吳烜 **133**

壹、前言　　133

貳、董事地位之變遷　　134

參、董事之職權範圍及行使　　135

肆、董事對外代表權　　138

伍、結論　　140

13　公司法董事會之召集程序修法評析　　　黃偉銘 **143**

壹、前言　　143

貳、公司法相關規定之新舊法差異　　143

參、董事會之召集程序規定背後之法理基礎　　145

肆、新修公司法未創設全體同意之例外　　150

伍、公司法第203-1條仍可再進化　　153

陸、再修法建議（代結論）　　154

14　淺探新公司法第205條董事會書面決議制度　楊有德 **157**

壹、前言　　157

貳、全體董事同意之標的與其意義　　158

參、書面表決權行使方式　　159

肆、書面決議制度之其他召集程序　　160

伍、書面決議制度下董事責任之建構　　162

陸、監察權之置入　　163

柒、結論　　164

15　論董事迴避義務之利害關係人　　　　　魯忠軒 **165**

壹、前言　　165

貳、我國董事利益衝突之相關規範　　　　　　　　　　166

參、美國法與我國法董事利益衝突防範制度之比較　　171

肆、公司法第206條董事利害關係人之修正評析　　　176

16　我國員工獎勵酬勞制度之評析　　　黃鋒榮 179

壹、前言　　　　　　　　　　　　　　　　　　　　179

貳、員工獎勵酬勞制度簡述　　　　　　　　　　　　180

參、對於公司法立法規範員工酬勞之商榷　　　　　　183

肆、對於員工獎勵酬勞發放擴及符合一定條件之控制或

　　從屬公司員工之評析　　　　　　　　　　　　　187

伍、結論　　　　　　　　　　　　　　　　　　　　188

17　公司法私募修正之謬誤　　　　　　游聖佳 191

壹、本文爭點緣由　　　　　　　　　　　　　　　　191

貳、公司法規定之公司債「募集」與「私募」　　　　193

參、公司法規定非公開發行公司可私募之公司債「種類」　197

肆、本文拙見——民國91年2月公司法暨證券交易法分軌

　　「募集」與「私募」制度後之立法謬誤　　　　　199

伍、結論　　　　　　　　　　　　　　　　　　　　203

1

企業社會責任的一般規定落戶到公司法是否適當？

黃清溪

壹、前言

　　最近一年多來，社會上一直沸沸揚揚的議論公司法修改話題，先是對現行公司法中有哪些問題，應當如何修改，後半則是針對修改公司法修法者的宣揚活動，學術界與實務界的贊成或反對之評論，正熱鬧地進行中。修法者原本聲稱要全盤修改，但窺視其修改內容，卻是雷大雨小，除了2、3項重要性之修改外，大體上只能說是對公司法斷垣殘壁的修繕，作些無關大局的修改。本文針對重大修改之一，公司法開宗明義第1條增訂第2項企業社會責任條款的修改加以檢視評論。

　　按公司為社會之一份子，除從事營利行為外，大多數國家均認為公司應負社會責任，依此認知，推動公司社會責任已成為國際潮流及趨勢，爰予增訂「公司經營業務，應遵守法令及商業倫理規範，得採行增進公共利益之行為，以善盡社會責任」之條文，以迎合時代步伐，乃是本次公司法修法者的主張及見解。但是，企業社會責任之法制化是否是國際潮流及趨勢？以及將企業社會責任一般規定落戶在私法性質的公司法中，是否適宜？這樣規定將會發生何等法效？將是本文探討重點。

　　本文首先介紹對企業社會責任最為積極立法之美國，以及持相反態度採消極立法之德國與日本的立法例，藉由對此具有代表性的美、德、日等三國的立法實況瞭解，資以確認企業社會責任之立法潮流及趨勢，進而探究三國立法改革的選擇運用以及理論背景，再反觀我國這次對企業社會責任之立法，是否步上正道，加以分析評論。

貳、美國的情況

　　二十世紀以降，美國憑藉其經濟之強勢，亦步亦趨地引領著現代公司法理論的發展。自從1921年貝爾（A. A. Berle）及敏絲（G. C. Means）的公司所有與經營分離原則之理論開始，依次引發出經營者支配理論，再創造出企業社會責任理論，如今又發展出來時下盛行的公司治理原則，這一連串現代公司法理論都發源自美國。

　　美國是企業社會責任的先驅者，早在1930年代Dodd與Berle的爭論開始，企業的社會責任論就已存在，Dodd在其公司經營者是誰的受託人之論文中，即已提出這種理論。雖然在經營者無疑的是股東的受託人，而經營者對股東以外的人絕無所謂的公共義務（public duty）以及社會責任（social responsibility）之前提下，公司的財產是股東出資沒錯，但是已非股東所能支配的財產，在某種限度下勉強的說是股東的私有財產而已，隨著社會的進步，思潮的變化，公司機能的社會化，經營者從事非營利的公益性活動不算是越權[1]。

　　在社會責任制度確立之下，一般認為股東利益應讓道給社會更大的利益。例如，公司經營者實施公正薪資計畫以保護員工，對公眾提供合理的服務等之際，可以挪用股東利益的一部分[2]。隨後又發展為經營者應本著「公司的良心」（The conscience of corporation）以及「公共良識」（public concensus）朝向公益方面行動的理論[3]。

　　此外，美國企業界的實際經營普遍認為，經營者已經不是股東，是制度（institution）的受託人。公司存在著三種利害關係集團：其一，是提供資本的股東；其二，是提供勞動的員工集團；其三，是消費者以及公眾集團，而公司將對於三者間利害調整之責任，則授予經營者自由裁量權，

---

[1]　E.M. Dodd, For whom are corporate managers trustee? Harv. L. Vol 45 at 1145et seg (1932).

[2]　A.A. Berle. jr. and G.C. means. The modern corporation and private property. at 356 (1956).

[3]　A.A. Berle. jr., the century capitalist revolution, at 61ff (1954).

委由其決定。

在上述的理論的背景條件下，美國賓州（Pennsylvania State）公司法於1983年順利的率先將企業社會責任法制化。該州公司法規定「董事會設置各委員會，各個董事以及委員，在其地位上執行業務時，檢討公司最善的利益之際，公司員工、供給者、顧客、公司事務所或設施所在地的地域社會以及其他所有適當的要因，均可以加以考量。」經過一段時間後，明尼蘇達州（Minnesota State）的事業公司法也於1990年立法規定「董事在其地位上履行義務時，檢討公司最佳利益之際，公司員工、顧客、供給者、債權人、州和國家的經濟、地域社會以及社會事情等均可加入考慮。」幾乎是前述賓州法的抄襲。在同年（1990年），喬治亞州（Georgia State）公司法、印第安納州（Indiana State）公司法、新喬治亞州公司法也相繼的做出規定[4]，條文內容可謂同出一轍。如今美國多數的州公司法都有董事社會責任的一般規定。上述所舉之各州對企業社會責任的立法，有一個理論上共同認識，亦即各州均使用「可以加以考量」（may consider）的文字表現。董事為公司做最佳利益考量之際，可以將股東以外的利害關係人之利益加以酌量，具有賦予董事對社會責任的自由裁量權（discretionary authority）特徵。

至今為止，美國唯一不同的立法例是康乃狄克州（Connecticut State）公司法，它規定「董事決定什麼是公司合理的最佳利益時，以下事項應加以考慮（shall consider）[5]：1.公司的短期以及長期利益；2.公司繼續維持獨立性之下，股東的短期、長期的利益；3.公司員工、顧客、債權人以及供應者的利益；4.公司事業所或其他設施所在地之地域包括在內的地域社會利益與社會要因。」康州公司法這個規定是強制（mandatory）董事要對股東以外的其他利害關係人的利益加以考量，其法律之效果，要是董事對於其他利害關係人的利益沒有適切加以考量時，其他利害關係人可對董事提起訴追。

---

[4]　喬治亞州公司法（§14-2-202(b)(5)1990）、印第安納州公司法（§23-1-35-1(b)1990）、新喬治亞州公司法（§14A:6-1(2)1990）。

[5]　Conn. Gen. Stat. sec.33-313(e).

　　康州公司法能如此向前跨越一大步，將其他利害關係人利益的考量，從董事經營判斷的自由裁量權，變成董事的強制性義務。促使其如此結果，可能是出自有因，蓋「經營者職務的社會性以及社會對經營者所期待的應盡職責」理論之提出使然，亦是企業社會責任所根據之積極性理論[6]。

　　美國法為什麼在把公司社會責任立法化，利害關係人條款入法之前，將公司之最大利益優先考量必須宣言一番[7]。這目的在昭示公司社會責任之履行必須在符合公司利益的框架下進行，也可以說是在美國，股東利益之最大化是對經營者控制的基礎傳統的思考[8]。

　　經營者在考量公司最佳利益之際，可將其他利害關係人權益置入考量範圍，反過來說，將其他利害關係人權益加入考量是為公司最佳利益目的之必要作為。蓋公司利益有長期利益以及短期利益之分，倘若該行為雖然不利於公司即時可見之利益，但是為社會公司社會責任而有助於創造公司長期利益時，經營者仍得為之。而且已經確認公司為社會公益，盡社會責任，可以創造出公司長期利益，如提高公司的社會評價以及信譽等[9]。經營者若恣意或不經意不加入其他利害關係人考量時，反而可能違反經營者對公司的忠實以及善管注意義務，而被究責。因此實際在公司最大利益優先考量原則下，經由經營者的裁量權的行使，公司社會責任的實現確實存在著很大的空間，亦即履行社會責任成為公司經營者履行業務執行內容的

---

[6] Petit,supra Note(8) at 72.

[7] 美國各州公司法皆無，如伊利諾州1983年商業公司法第518.85條之規定（Illinois Business corporation Act of1983）。美國法律學會在1994年公開的公司治理準則（American Legal inetitute(ALI), principles of corporate Governance）以及美國法曹協會的模範商業公司法第8：30條（American Bar Association(ABA), model Business corporation Act）都有同樣的規定。

[8] 森田章，現代企業の社會的責任，商事法務研究，1978年，頁23。

[9] 又如，公司撥用公司盈餘用於提高員工福利，雖然公司利益受損，但有助於員工士氣提升，使得員工勞動效率品質提高，並且增加在勞動市場的競爭力，吸引更多優秀人才。結果帶來公司盈利能力，擴大公司盈餘，公司坐收長期利益，因此仍應被評價為妥當行為。

一部分。

　　除美國各州公司法對企業社會責任有一般性規定外，1999年所頒布的公司法治理原則規定，「公司業務經營應追求公司盈餘及股東利益，但為遵循法令、企業倫理，即使無法增加股東利益，也應當採取適當之行為，若為公共福祉、人道、教育及慈善之目的，得在合理範圍內，使用公司資源從事捐助的行為。」此外，美國所得稅法也規定，公司捐款在所得款10%的範圍內，可以扣抵所得稅，對於公益捐助的合法性更加以肯定。在實務上，對企業社會責任的落實，提供強有力的支援。

參、德國的情況

　　依據德國古典的觀念，股份有限公司乃是企業的原型，是股東的私有物，為純粹私益企業，具有私法特徵。但是，隨著經濟的發展，高度資本制度化，產生企業構造的變革。根據Roth的論著所述[10]，早在1917年由德國法學者Rattenan展開如下的概念：

　　「現在大企業已經不是私利益的組織，是屬於國民經濟整體機制的一部分；沒錯，純粹營利企業的司法上特徵，雖然仍然殘存著，但從另一面來看，大企業越來越多對公共利益做奉獻，並且因此之故，獲得了新的立足點。以整體經濟意義來說，大企業會持續存在，但是重返純粹私經濟的拘束，是不可思議之事。」

　　「大企業的維持本身就是具有公共性的意義，大企業的持續存在，已經不能委由股東的自由意志決定。大企業的管理對公共福祉要負起義務，也就是說，大企業位居於整體經濟中心，對整體的責任感以及為國家的精神，被要求要貫徹。」

　　「大企業經營者不僅是資本的受託者，同時也是參與生產過程中的所

---

[10] Gürter H. Roth. Dae Treuhandmodell des Investmentrechts-Eire Alerndtive zur Aktiengesellschagt, 1972. S. S 197f.

有關係人，特別是員工以及消費者的受託。」

　　Rattenan上述思想，正合乎企業利益多元論的論述。換言之，股份有限公司成為一大企業後，顯然無法以股東利益最大化之一元論所能完全支配。如今股份有限公司的企業組織，是員工、消費者、供應者，以及地域社會、國民經濟整體等諸種利益的綜合體，成為半公益性的社會體制之一。因此，公司企業的經營管理已不受容於僅顧及私經濟目的，必須體現上述多元利益，此即多元利益之股份有限公司企業觀。

　　Rattenan的思維由Haussmann所繼承並發展成為德國的「企業自身」理論（Unternehman an sich），這是企業自身固有價值，使經營者與股東分離、獨立，並提高其獨立性之理論。同時也提供了企業社會責任論的基礎。在此理論基礎上，德國於1937年首度具體實現了企業社會責任的法制化規定，德國股份法第70條規定「董事應以員工福祉以及國民、國家的公共利益而為經營活動」，此乃對企業經營者的公益義務，完全擁護的條文規定，如實地體現了Rattenan的思想。

　　但是，由於該規定僅是一般條款的規定，屬於一種倫理、道義行為的基準規定，內容過於抽象，對於股份法上的董事責任與義務並未予以具體化，尤其是針對所例舉之員工、國民、國家的利益實現順序如何排定，以及其他如消費者，供應者等多元利益，是否也要加入考量等等，均無任何明示。總結來說，此階段對於企業的社會責任規定，一直缺乏法的強制力，殊難具體落實。因此，1937年這個規定，一直到1965年德國股份法修改而被廢除，歷經二十幾年期間，連一件也沒有成為司法審查的對象，從未發揮過法規正面性的意義[11]。

　　另一方面，由於「企業自身」理論與當時德國納粹黨的指導原理思潮合流，被當時當權者所歪曲利用，成為統治者的濫權工具，而招致世人的唾棄以及歷史學者的惡評，造成對於德國此種企業社會責任理論之退卻與不信任，影響至為鉅大且深遠。

　　如今德國對公司法理論，仍然維持著傳統觀念，企業經營須以獲利為

---

[11] Rittner, F., Zur Versntwortung des Vorstandes, Festschrift für E. Gessler, 1970. S.139ff.

導向，換言之，在公司營利目的之大前提下，董事會的企業經營有義務讓公司的企業價值持續增加[12]。據此，企業的生存得以維持。公司利益的確保也是社會責任實踐的先決條件，唯有如此，員工工作權才有保障，環境保護投資才能履行，社會公益之捐獻才可望實現。

在實現公司最大利益的指示下，董事會以自負責任化方式從事公司經營，董事會具有廣大裁量權，董事會可在裁量權限內，自行考量企業的多元利益構造，進行經營決策，只要董事會決策時不違反忠實、善管注意義務就不會有責任問題發生。因此董事會在決策上會兼顧多元利害關係人的權益，仍理所當然！所以無須以明文規定[13]。且即使將共同福祉或社會責任條款納入條文中亦屬於多餘[14]。因此強制要求公司履行社會責任的一般立法的政策，在德國也遭公司法理論所拒絕。

不過，在德國對企業社會責任的立法經驗中，卻有一件特殊的制度，本文不得不提及，在被提及的公司多元利益論之中，唯一在德國制度中顯現確實而且很具體的效果。是透過勞資共同決定制度，對於勞動者利益，獲得了實現。先是從礦業、鋼鐵業界開始，認同勞動者與股東間以平等的地位，共同指揮企業經營、行使影響力。將原本是股東的控制監督機關之監察人會，變為股東與勞動者的共同決定機關。1951年德國的共同決定法，1952年的企業組織法規定，勞動者的利益以及股東的利益在法律上獲得同等的保護。

德國至今除共同決定制度之外，對於企業社會任論一直採取冷淡處理，究其原因，1937年股份法對企業社會責任一般規定的立法挫敗，是其中一個重要的理由。但是，追根究柢的結果，最重要原因，還是德國商法學界仍然保存著股份有限公司利益一元論的主流立場[15]。縱使股份有限

[12] Deutscher corporate Governance Kodex第4.1.1規定參照。

[13] Spindler in Munchener Kommentar Zum Aktien-gosetz, 3 Aufcage,Munchen 2008.§76 Rn.65.

[14] Spindlen in Munchkomm AKtG 2008.§76 Rn.65.

[15] 德國聯邦政府提出1964報告書（VgL., Gressfeld, a.a.o.s 46）株式法改正政府草案理由書，慶應大學商法研究會譯，頁362。

公司企業的數量增多、規模增大，企業利益多元性越發錯綜複雜的趨勢是事實，但是，股份有限公司的本質依然維持著股東的私有型態，對公司內部秩序規定的公司法，仍然是以股東相互間之利益調整為主要任務，其基本架構並沒有動搖。在股份有限公司利益一元論之下，以學者Grossfelo和Mestmacken為代表，透過股份有限公司法的各個具體制度之修改，來確保企業實現社會責任的主張，例如，少數股東權保護的強化，董監事責任的明確化，股東代表訴訟制度的有效化，公司資訊公開制度的加強等[16]。論者同時也強調企業社會責任的一般條款性規定的不妥性，非但無法獲得具體效果，反而會招致董事濫權的重大危險[17]。

　　最後需要提起的事，德國是將大部分有關社會公益，社會責任事項，藉由國家法令強制要求企業履行，如環境保護、食品安全等法令。是以法令規範企業社會責任的做法，也獲得相當不錯的效果。

肆、日本的情況

　　日本戰後經濟神奇性的快速復興，在短時間內即融入西方經濟社會體制。同時，在社會層面也緊跟著萌生出企業社會責任的意識，戰後的第七年，日本經濟同友會1956年全國大會上通過「經營者社會責任的自覺與實踐」的決議文，這是企業社會責任論正式在日本的誕生。

　　進入70年代，日本企業造成的公害遍地開花，企業的反社會性惡行橫生，引發社會指責的聲浪高漲。為反映當下民意，日本國會眾議院於1974年，參議院於1975年先後通過決議，要求政府行政部門及早提出履行企業社會責任的商法修改。日本法務省承受這個決議後，首次對企業社會責任的立法著手檢討，1975年法務省公布「商法修改有關問題點」，徵求社會各界意見，其中問題之一「有關所謂企業社會責任如何適當處置」，則具

---

[16] Eucken,W., Grundätze der Wirtschaftspolitik，大野忠男譯，經濟政策原理，頁372以下。

[17] 河本一郎，企業の社會的責任，ジュリスト，第378號，頁113。

體舉出：1.檢討在股份有限公司法有關公司社會責任做一般規定，明文課以董事履行社會責任的相應行動義務之意見；2.檢討公司社會責任之一般規定，不如對現行股份有限公司法的個別制度加以改善，資以期待公司實現社會責任化之意見。

　　當時日本代表性的商法學者多數表態支持前者一般規定之意見。例如，西原寬一博士作以下之論述：公司本來是應該為股東的利益而活動，但是，在公司為地域社會或整體社會之目的而為之適當無償捐贈行為應被允許，不構成董事忠實義務之違反。為將其理論更明確化，進一步主張如權力濫用以及誠信原則之一般規定一樣，將企業社會責任一般規定化，並非無異議之舉[18]。

　　與其同時，也有多位學者提出相同意旨的主張，對應民法第1條信義誠實原則的規定，在商法總則增訂企業社會責任條款，不僅適應現代公民社會公共性的要求，也能達到一般原則規定一樣的效果。或者，針對股份有限公司，尤其是大規模公開發行公司，鑒於其社會性、公益性，公司不能僅止於股東利益，同時也應對債權人、員工、消費者、地域居民等廣泛利害關係人之利益，與股東利益同等待遇。如此贊成一般規定立法之立論，陸陸續續的被提出[19]。

　　針對上述主張在公司法新設公司社會責任之一般規定的意見，竹內昭夫教授發表反對的論文[20]，他所持理由如下：「第一，企業或股份有限公司的社會責任概念模糊不明確，無法法律化；第二，一般規定起不了實質效力，純然為無意義的規定；第三，很可能造成主張一般規定者所意想不

---

[18] 西原寬一，今後の商法改正諸問題，について，第29回，全國株懇連合會定時會員總會報告書，頁116。同旨，松田二郎，会社の社会的責任について—商法改正の問題として，商事法務，第713號，頁24以下。

[19] 森田章，法律から見た企業の社会的責任，月刊自治研，33卷6號，頁34以下；中村一彦，企業の社会的責任—法学的考察，改訂增補版，同文館，1980年，頁161以下；新山雄三，株式会社法と企業の社会的責任，法律時報，46卷9號，頁37；田中誠二，会社法学の新傾向と評価，千倉書房，1978年，頁20以下。

[20] 竹內昭夫，企業の社会的責任に関する商法の一般規定の是非，商事法務，第722號，頁33以下。

到的反效果，促成經營者裁量權擴大的危害。」

這篇論旨明快又肯切的論文一經發表，猶如一言定江山，徹底打消先前主張一般規定的念頭，進而採行竹內教授的主張，從各個具體的問題以個別立法方式處理。因此，有關企業社會責任之一般規定，未在1981年商法修改條文上出現。自此以降，在日本主張一般規定的意見，幾乎是消聲滅跡[21]，可見到的學說主張都是反對一般規定的論調。諸如，日本商法明文規定公司是營利社團法人，社團並非一群偶然聚合而成的群體，而是依社員之目的所形成的團體，公司是由社員（股東）以獲取利益之目的出資構成的團體，股東的出資財產以信託方式委託董事經營，董事為公司以及股東謀最大利益之目的，負起經營之忠實以及善管義務。董事履行了忠實以及善管注意義務，結果社會責任也終將實現。

公司的存在圍繞著眾多利害關係人，如顧客、供應商、員工、地域社會以及股東等，在同一個社會基盤上公司與利害關係人同舟共濟，有這些關係人的存在，公司才能存在，因此公司與這些利害關係人之間有需要建立良好關係。

例如對於地域社會的關係，公司的存在會增加雇用機會帶來福利，但是公司一旦呈現負面性存在如造成公害等，將不容於地域社會而無法立足生存，所以公司與地域社會的溝通協調，做出更多正面性的貢獻，共同發展繁榮，獲取地域社會的擁護支持，是絕對必要。

公司是股東所有，公司為股東的利益而努力是當然之事，但不可僅為股東利益而為，同時要兼顧其他利害關係人的利益，才是正道的經營，也因此營業額上增，利益提高。結果董事經營者也盡了忠實以及善管注意義務，公司的社會責任也實現了。

但是必須澄清道明，公司顧及利害關係人的利益落實社會責任不是公司目的，只是一種手段，如上所述，顧及利害關係人利益落實社會責任之經營才能順利發展獲取利益。公司最終目的是公司的利益，公司根本就是要賺錢獲利。公司社會責任之實踐必須在公司利益框架下進行。

---

[21] 小林直樹，企業の「公共性論」（上），ジュリスト，第1011號。

要是公司法規定要求董事應對社會責任應有的作為，反而造成董事與公司間關係的游離，導致董事與公司間利害對立之危險。因此，從公司法上的各種相關制度加以修法改善，使其善盡社會責任，才是妥當的方式[22]。在公司法將社會責任做一般規定的立法主張，若獲實現，將危害公司的經濟效率，導致社會財富的減少，並且賦予經營者重大裁量權，必然形成事實上無監督狀態之險象環生[23]。或者說，將社會責任以一般規定在公司法上，是不妥當之舉，蓋公司法已規定董事對公司要負起忠實義務在先，現在又另外要追加董事要對社會負起社會責任之義務，此際董事對公司法所要求的兩種對立性義務，如何取捨與調整，對董事將是無解的難題[24]。

在日本，要求企業善盡社會責任的主張，是無人會反對的，並且對於將企業社會責任入法的主張，也同樣沒人會反對。日本學說並非反對社會企業責任入法，只是在立法策略上之爭議，究竟是應該在公司法上做一般規定，抑或是在公司法上的各種制度加以修法改善，二種對立的意見。

綜上所述，日本揚棄的是美國一般性立法，而採行對公司法各種制度的具體改善之立法策略，這已是日本既定的作法與路線。因此，任誰找遍日本法都無法發現企業社會責任入公司法的條文規定，同時也沒發現因企業社為責任未入公司法，而引起企業社會責任的實現有任何不良或不利跡象。

最後值得關注的一件事是，近年來日本在公司社會責任推進的新方式，是透過業界團體所制定的自律規則[25]，來規範公司社會責任之相關問題。

自律規則即所謂軟法（Soft Law），可將之歸屬於業界團體構成間之社會規範，此等自律規則的制定，完全取決於成員的自發性，是否履行此

---

[22] 高鳥正夫，会社法，改訂版，慶應通信，1983年，頁4以下。

[23] 江頭憲治郎，株式会社法，有斐閣，2006年，頁22以下。

[24] 宮島司，新会社法エッセンス，4版，弘文堂，2015年，頁238。

[25] 如日本經濟團體連合會（簡稱經團連）制定的「企業行動憲章」（1991年）以及「企業行動憲章實踐手冊」（1996年），均一再強調公司社會責任履行的必要性。

等規則所規定之責任內容，亦完全取決於成員本身的自主性，原則上不具有法拘束力。但是經營由團體的自治性處罰，以及成員的自我約束，卻對成員的行為及實踐發揮了重大影響力，事實上，今日日本公司社會責任的落實，這個業界的自律規則功不可沒。

以下順便附帶提起中國大陸之立法例。

中國大陸步美國法之後塵，成為也將企業社會責任寫進了公司法的國家，但是中國大陸規定的內容與體裁，則與美國法截然不同。

中國公司法規定「公司從事經營活動必須遵守法律、行政法規、社會公德、商業道德，誠實守信接受政府和社會的監督，承擔社會責任」（公司法第5條）。以抽象性一般規定方式，對公司主體規定要求必須承擔社會責任，與美國法以董事為規定主體，要求董事經營裁量範圍內遂行社會責任的規定，有明顯不同。「必須承擔社會責任」是強制性規定，顯然對公司無利可圖，甚或虧損的社會責任承擔行為，在公司本質之營利目的之前提下，將如何取捨處置，是無解的難題。中國公司法能作如此強制規定，或許是社會主義中國特色之一體現。

因為是抽象一般性的規定，社會責任定義內涵為何？空泛無際無從遵守，實際要法效能具體落實，有賴於其他法規具體內容規定的補充。中國企業社會責任的實現，目前以證券交易所之規則為主，如上海證券交易所於2008年發布的「關於加強上市公司社會責任承擔工作的通知」以及「上海證券交易所上市公司環境信息披露指引」等行政規則，才是確實體現法效的規定。

伍、三國立法的解讀

美國從1983年賓州公司法為起端，對企業社會責任立法揭示規定，在判斷公司最佳利益時，得考慮公司股東以外之其他利害關係人之利益[26]。

---

[26] In considering the best interests of the corporation may take into account other

在美國法中，董事是受任於公司以及股東，董事對公司以及股東都存在委任關係，董事對公司以及股東之最大利益均得兼顧，公司及股東利益最大化是董事忠實義務直接最上階的職責，在此前提下，董事積極為公司及股東以外之人是謀求利益，恐有違反忠實義務之嫌，因此美國州公司法立法授權董事在執行業務作最佳利益判斷時，得考慮公司，股東以外之人的利益，這個規定在美國學界也稱為「其他利害關係人規定」（other constituency statutes）。

「其他利害關係人」規定，在美國多數州立法，是授權董事為公司最佳利益判斷時，得考慮公司員工、債權人、消費者、供應商以及地域社會的利益，並以捐獻方式加以實現，如此運作被期待著對公司社會責任的促進，會有很大助益。雖然政策效用是重要目的之一，但另外一個重要目的是，以立法規定，董事可以考慮其他利害關係人利益並加以捐獻，這種行為僅是公司一般權利能力範圍內的行為，董事可任意行使而不構成違法之宣示。因為在美國公司的權利能力受限於公司目的見解相當有力，因此有此宣示的必要，乃當然之事，但絕非強制董事要考量捐獻，或董事負有行使捐獻的責任。

營利目的是公司的本質，被公司委任執行業務之董事，創造公司最佳利益之忠實信條是董事最基本的義務，因此對「其他利害關係人」等於社會責任之考量，是董事在「公司最佳利益」的指標下之裁量運作，原本董事對公司短期、長期或直接、間接之最佳利益判斷時，任何事項在可獲取範圍內，包括社會責任事項均可納入裁量範圍之解釋，早已被視為通說之見解，因此對這個立法，是了無新意，僅僅可以說是對宣示性有所加強而已。

於此同時，董事的最佳利益判斷，最終結果包括長期、短期、直接、間接的判斷，只要有不利或有損及「公司最佳利益」，則將是違反忠實義務而須受審視。這個普世性的公司法原理之解釋，美國法也不能例

---

constituencies。唯一康乃狄克州公司法規定董事「必須」（mandate）考慮其他關係人利益。

外。因此美國的州公司法對企業社會責任做了一般規定，只是在宣示董事對社會責任的捐獻行為是一般權利能力之行為，董事盡可為之。是沒有法強制力的規定，並沒課予董事必須捐獻義務，對不為捐獻的董事也無任何責任可訴追。

德國企業社會責任論在1920年代，以Rathenen為代表的理論，一度相當盛行，其理論並獲得落實，具體法制化，但結果是一次嚴重的失敗立法例，這次挫敗影響德國的企業社會責任法制化甚為深遠。Rathenen等之企業自身論的思想與當時權力者納粹的指導原理合流而被歪曲利用，留下歷史的惡評。另一方面，當時企業社會責任的立法形式是在股份法上的一般規定，欠缺的強制力，因此從未發揮過正面性的法效力，留下一般規定是沒用的虛文規定，並有被濫用的危險因素存在，這兩個影響，導致德國對企業社會責任論一直是冷漠消極的態度。

但是為了保護勞動者的利益，德國制定了共同決定法，這是很特別的一個法制，也是德國至今唯一持有的法制。共同決定法是股份法、勞動法以及企業法鄰接領域的問題，為探求共同決定法新法制的理論根據，在德國形成了企業組織法（Unternehmensvenfassungerecht）的學問新領域。對企業社會責任除了共同決定法的特別法制之外，德國排除公司法一般性的規定，採取對各個制度進行實效性的修改強化，以及周邊相關法域的特別立法的方法，來確保企業社會責任的具體實現。

在日本法上，找不到企業社會責任規定的條文，這不是意謂著日本反對企業社會責任，要求企業應善盡社會責任，在日本沒有人會反對，日本也沒有人反對將企業社會責任入法，只是企業社會責任如何法定化，在立法政策上有所爭議，是要如美國州公司法的作法，在公司法上做一般規定；還是要如德國的作法，在公司法上的相關制度加以修改強化，並配合周邊法律的各法領域各自立法，以要求具體落實企業社會責任。

美國式的公司法上的一般規定，無任何強制性的條文，沒有強制力的規定，即使以法條文形式出現，也稱不上是法律，僅僅在提示董事可為企業社會責任之考量，非違法的行為。社會責任的實行是董事經營判斷裁量的範圍事項，在日本是一般的認識，董事如此判斷裁量已習以為常，立法

宣示是多餘之舉。再者，日本更進一步認為，法制化反而會讓經營人董事趁機擴大裁量權，而招來濫用的憂慮。如此認識之下，日本揚棄美國式的一般規定，採行德國式的相關制度改善強化的立法策略，是日本這幾十年來一貫的路線。因此，在日本公司法上無法發現企業社會責任規定條文，同時也沒有發現因企業社會責任未入法，而造成企業社會責任的實際實現，有任何不利或不良的跡象。

陸、我國公司法修改的評論——代結論

從以上之觀察，世界代表性美、德、日等三國的立法情況，二種立法方式，即美國式的一般規定方式，以及德、日式的個別具體規定方式，可供後進立法國家參考。此次，我國公司法的修改，採用了美國式的立法，在公司法的第1條對企業社會責任做了一般規定，「公司經營業務，應遵守法令及商業倫理規範，得採行增進公共利益之行為，以善盡其社會責任。」採用了這種立法妥適與否，自有歷史的公平評斷，非吾等庸人所能輕易斷言。只因這次公司法修改成立之前，本人有篇論文發表於報章[27]，主張不宜將企業社會責任規定落戶在公司法，因為是短文，言有未盡，有補充說明之必要。而且概觀以上美、德、日三個國家的立法例之後，原先的見解非但沒動搖，反而更加堅定之勢。

蓋美國的立法例，在州公司法上做一般規定，在美國企業社會責任的實行，向來以企業捐獻方式展開，這個規定主要意義是宣示企業的捐獻不是違法行為，捐獻行為是公司一般權利能力範圍之行為，捐獻與否是董事裁量權，是董事的合法行為。對於這一點，我國與美國情況不同，在我國公司的權利能力是以一般權利說為通說，也就是公司的權利能力，除了清算與破產的情形之外，不受公司目的的限制，依此通說的見解，董事為公司對公益性、慈善性的捐獻，是公司一般權利能力範圍的行為，屬於合法

---

[27] 黃清溪，企業社會責任 不宜落戶公司法，經濟日報，2017年8月13日。

行為，這種捐獻行為並已成為我國社會習慣，企業的慣行，我國應該如同日本，沒有必要立法擴張公司的權利能力，使上述之捐獻合法化，也沒有必要再動用立法宣示。

企業社會責任在公司法上一般規定，無任何實效，日本學說理論已釋明詳緻，也由德國的立法例具體證實。不僅如此，企業社會責任法制化反而會導致董事裁量權的擴大，在欠缺有效的監督控制機制之下，董事濫權的危險性極高，不容忽視。況且，現階段對於企業或公司的社會責任的概念或內容，仍存有許多不同定義，眾說紛紜，一片混亂，莫衷一是，在未整合統一之前，輕率的將其法律化，確實很不適宜，公司董事將不知何去何從，司法審理時也難於處理論斷，恐造成社會混亂而無法收拾。

企業社會責任在本質上，是社會法、經濟法或勞動法等領域所應規定的對象，現不經意的在私法領域的公司法落戶，卻有漠視法制度秩序原則之嫌。

以上諸理由，本文仍然對企業社會責任在公司法上做一般規定，持反對態度。放棄公司法一般規定之後，唯一可行辦法即仿效德、日的立法例，將公司法上有關社會責任之制度加以改善強化，並配合鄰接相關領域之特別法、加以立法完善，並仿效日本，推進，善用業界自律規則訂立，激發公司自發性的履行社會責任，才是落實企業社會責任務實之道。

2

公司法第8條第3項之修正

鄭貴中

壹、本次條文修正內容

現行條文（民國107年8月1日）

「公司」之非董事，而實質上執行董事業務或實質控制公司之人事、財務或業務經營而實質指揮董事執行業務者，與本法董事同負民事、刑事及行政罰之責任。但政府為發展經濟、促進社會安定或其他增進公共利益等情形，對政府指派之董事所為之指揮，不適用之。

民國101年01月04日修正

「公開發行股票之公司」之非董事，而實質上執行董事業務或實質控制公司之人事、財務或業務經營而實質指揮董事執行業務者，與本法董事同負民事、刑事及行政罰之責任。但政府為發展經濟、促進社會安定或其他增進公共利益等情形，對政府指派之董事所為之指揮，不適用之。

貳、修法後條文適用範圍疑義

依據我國公司法第8條第1項規定，本法所稱公司負責人：在無限公司、兩合公司為執行業務或代表公司之股東；在有限公司、股份有限公司為董事。亦即在無限公司、兩合公司此兩種類之公司並無董事，因此若依據我國公司法第8條第3項之修正理由，將原本限制只有適用在公開發行股票之公司全面開放為所有公司均可，然就法條整體文義解釋上來看因為限定在於追究「董事」之責任，在無董事只有執行業務或代表公司之股東的狀況下之無限公司、兩合公司的公司負責人，仍然沒有適用影子公司負責

人或實質公司負責人之餘地，但就該條文之修正理由「為強化公司治理並保障股東權益，實質董事之規定，不再限公開發行股票之公司始有適用」觀之，修正目的分別為「強化公司治理」、「保障股東權益」。就強化公司治理目的而言，修正該條文目的乃係為使不論是何種類之公司，只要是影子或實質公司負責人均應負責，不因為有無該公司負責人之名義而形式上認定，改採全面的實質認定，惟依據我國本次修法之文義解釋來看，尚有部分公司種類之負責人不在實質認定公司負責人範圍，有詳加探究之必要。就保障股東權益面來看，改採公司負責人實質認定而非形式認定，可以避免濫用公司型態規避責任之實質負責人負擔應有之責任，對股東權益較有保障，惟在我國公司法之規定，無限、有限、兩合公司其公司負責人本身就具有公司股東之身分[1]，性質上與股份有限公司之公司負責人不需具有公司股東身份有別[2]，當其公司負責人本身即以具有股東身份時，論理上其本身就難有濫用公司型態規避責任之情形，尤其是在無限及兩合公司之公司負責人負無限責任時，更是殊難想像會出現此種情況，因此若就保障股東權益之面向來看，在公司負責人是董事時（即公司型態是股份有限公司），因為董事不需要具備股東身分，因此可能會有影子或實質董事，推選出名義上董事，自己隱身背後操控之情況出現，因此如何去合理適用我國修正後公司法第8條之解釋有加以研討之必要。

參、分析與評論

本文歸納我國公司法上之規定，就我國公司法上規定之負責人從法

---

[1] 在無限公司時，公司法第45條「各股東均有執行業務之權利」；在有限公司時，公司法第108條「公司應至少置董事一人執行業務並代表公司，最多置董事三人，應經股東表決權三分之二以上之同意，就有行為能力之股東中選任之」；在兩合公司時，公司法第115條「兩合公司除本章規定外，準用第二章之規定」，亦即準用無限公司之規定，解釋上無限責任股東均有執行業務之權利。

[2] 公司法第192條「公司董事會，設置董事不得少於三人，由股東會就有行為能力之人選任之。」

條文字定義可分成董事或執行業務（代表公司）股東[3]；董事就其是否必須有股東身分亦有區分成有限公司必須有股東身分才可為董事[4]，股份有限公司則不必有股東身分[5]。因此本文依據公司法第8條之立法目的將公司法上之公司負責人可區分為三種類：1.「董事＋執行業務（代表公司）股東」，即將所有公司法上之公司負責人全部包含在內；2.「限定有股東身分之董事」，即有限公司之董事；3.「無股東身分限制之董事」，即股份有限公司之董事。

　　從修法現行文義解釋觀之，目前法條文字使用「董事」，因此解釋上不論是否有股東身分之董事，只要是公司法第8條第1項定義適用董事之公司均包含在內，即包含股份有限公司及有限公司，學者有同此見解者[6]，本文亦深感認同該見解，惟探究該條文之立法目的為「強化公司治理」、「保障股東權益」，在強化公司治理部分，我國公司法第8條第1項規定之公司負責人有董事及執行業務（代表公司）股東，執行業務（代表公司）股東似有遺漏？就保障股東權益部分在公司法第109、48條[7]之保障不足之處何在？似乎均未見說明，有稍嫌不足之處。亦即若採全面化的強化公司治理原則，將一切名義上負責人均採實質認定的話，應該要將本文前述公司種類均列入範圍內，若採取保障股東權益偏重理論，因為有限公司、無限公司、兩合公司依據公司法第109、48條之規定，其股東均有監察權，可隨時質詢公司營運狀況，查閱財產文件、帳簿、表冊，就理論上來看是否仍有因為保障股東權益之必要就將有限公司、無限公司、兩合公司均納入保護範圍內似有疑問，且從修正理由「為強化公司治理並保障股東權

[3] 公司法第8條第1項：「本法所稱公司負責人：在無限公司、兩合公司為執行業務或代表公司之股東；在有限公司、股份有限公司為董事。」

[4] 公司法第108條「就有行為能力之股東中選任之」。

[5] 公司法第192條「由股東會就有行為能力之人選任之」。

[6] 郭大維，我國公司法制對事實上董事及影子董事之規範與省思，臺北大學法學論叢，國立臺北大學法律學院，2015年12月，頁83。

[7] 公司法第109條第1項：「不執行業務之股東，均得行使監察權；其監察權之行使，準用第四十八條之規定。」；公司法第48條：「不執行業務之股東，得隨時向執行業務之股東質詢公司營業情形，查閱財產文件、帳簿、表冊。」

益，實質董事之規定，不再限公開發行股票之公司始有適用」分析觀之，解釋上亦可採取開放至股份有限公司即可，故本文認為立法目的所要保護公司種類之範圍應該是全面性的將所有公司種類納入或者開放至只保護股份有限公司即可。

　　公司法第8條整體法條乃係為定義為何公司之負責人，在公司經營、治理、股東權益上出現問題時，何人需要負責之基本法條，因此在公司法第8條引進外國法之概念，在實質處理公司事務與名義上登記之負責人有所不同時，要求實際上處理公司事務之人也必須負責任，故從公司法第8條第3項之立法目的與引進該法條所為解決之事項觀之，公司負責人應包含所有公司種類之負責人，而目前法條文字將產生適用上之解釋疑義，惟亦有論者認為就我國公司法引進外國法之董事相關責任時，所引用之外國法例以英美法系國家為重，而依據美國法抑或是英國法例中，其關於執行業務機關均是董事會或者董事，並非如我國法例中還有執行業務或代表公司股東存在，再觀諸我國新引進外國法之董事責任歸屬問題[8]，其規範之文字均將執行業務或代表公司股東納入範圍內，而我國公司法上雖然將董事與執行業務或代表公司股東做出區分，然探究其執行業務方法或權限並無明顯不同之區別[9]，故本文認為在法條適用範圍內，可將執行業務或代表公司股東類推適用於所有董事之規範上，是以修正後公司法第8條第3項之董事解釋上包含董事與執行業務或代表公司股東，再者為避免有法條文字解釋上之爭議，本文認為宜將法條文字修正為「實質上執行公司業務或實質控制公司之人事、財務或業務經營而實質指揮執行業務者，與本法之公司負責人同負民事、刑事及行政罰之責任。但政府為發展經濟、促進社會安定或其他增進公共利益等情形，對政府指派之董事所為之指揮，不適用之。」

8　如公司法第8條第3項之實質或影子董事；公司法第23條之董事忠實義務。

9　公司法第46條「關於業務之執行，取決於過半數之同意」；公司法第108條「應至少置董事一人執行業務並代表公司」；公司法第115條「準用第二章之規定」；公司法第206條「董事會之決議，除本法另有規定外，應有過半數董事之出席，出席董事過半數之同意行之。」

肆、結論兼修法建議

　　就我國引進公司法第8條第3項之法條歷史演進、立法目的與學者研究之見解，顯見我國立法過程中，針對公司負責人之責任採取實質認定非形式認定，惟此次修法過程中，將所有公司種類的董事納入實質認定中，卻有將執行業務股東排除之可能性，考究執行業務股東本身似較難以出現實質負責人與形式負責人分離之狀況，但在想像中並非全然無可能產生，且該負責人本身即有股東身份及該種類公司之股東均有監察權可以行使，可隨時得知公司之營運狀況亦較無保障股東權益之必要性，然而考量整體立法目的及比較外國法後，本文認為將全部種類之公司負責人均採取實質認定基準，對我國公司法之發展較有保障，而學者及本次修法之文義解釋所造成的只單純針對董事才採取實質認定，本文見解詳究英國公司法之規定後，認為在英國公司法之組織下，不管何種類之公司負責人只有董事亦即「Director」，所以英國公司法只要規定董事即等於我國之所有公司種類負責人，故我國在援引英國公司法時若探究其規定之精神，似應要將所有種類之公司負責人涵蓋在內較符合英國法規定之原始意義。又在英國法之公司法規定，董事包含實質或影子董事[10]，惟依據英國法之規定內容觀之，董事採用實質認定非形式認定，因此實質或影子董事其權利與義務等同於名義上之董事，而關於我國公司法第8條第3項之規定，實質或影子董事係與董事同負民事、刑事及行政罰之責任，只有針對該「具體行為」與名義上之董事同負責任，此點亦與外國法上之實質或影子董事權利與義務等同於名義上之董事規定有所不同，然再觀諸我國公司法第8條整體規定，係在規定公司負責人範圍之條文，而我國公司法針對實質或影子董事之規定，係在規定「具體行為」同負責任之問題，就立法研討上規定在同條文處理亦有不妥之處，應以不同條文設置規定較為妥當，且於我國立法

---

[10] In the Companies Acts "director" includes any person occupying the position of director, by whatever name called (s.250, the Companies Act 2006).

過程中亦有類同此見解，經濟部於2010年第一次修正草案第23-1條「非負責人而可直接或間接控制公司人事、財務或業務經營者，應與公司負責人負同一之責任」[11]，故本文見解認為本次修法之見解似有未洽之處，應有改進檢討之空間存在。

---

[11] 郭大維，前揭註6，頁75。

3

有限責任轉投資鬆綁與限制之研究

吳軒宇

壹、新舊條文及修法理由

　　一、107年8月1日修正前公司法第13條原條文：「公司不得為他公司無限責任股東或合夥事業之合夥人；如為他公司有限責任股東時，其所有投資總額，除以投資為專業或公司章程另有規定或經依左列各款規定，取得股東同意或股東會決議者外，不得超過本公司實收股本百分之四十：一、無限公司、兩合公司經全體無限責任股東同意。二、有限公司經全體股東同意。三、股份有限公司經代表已發行股份總數三分之二以上股東出席，以出席股東表決權過半數同意之股東會決議（第1項）。公開發行股票之公司，出席股東之股份總數不足前項第三款定額者，得以有代表已發行股份總數過半數股東之出席，出席股東表決權三分之二以上之同意行之（第2項）。第一項第三款及第二項出席股東股份總數及表決權數，章程有較高之規定者，從其規定（第3項）。公司因接受被投資公司以盈餘或公積增資配股所得之股份，不計入第一項投資總額（第4項）。公司負責人違反第一項規定時，應賠償公司因此所受之損害（第5項）。」

　　二、107年8月1日修正後公司法第13條條文：「公司不得為他公司無限責任股東或合夥事業之合夥人（第1項）。公開發行股票之公司為他公司有限責任股東時，其所有投資總額，除以投資為專業或公司章程另有規定或經代表已發行股份總數三分之二以上股東出席，以出席股東表決權過半數同意之股東會決議者外，不得超過本公司實收股本百分之四十（第2項）。出席股東之股份總數不足前項定額者，得以有代表已發行股份總數過半數股東之出席，出席股東表決權三分之二以上之同意行之（第3項）。前二項出席股東股份總數及表決權數，章程有較高之規定者，從其

規定（第4項）。公司因接受被投資公司以盈餘或公積增資配股所得之股份，不計入第二項投資總額（第5項）。公司負責人違反第一項或第二項規定時，應賠償公司因此所受之損害（第6項）。」

　　三、修法理由：「一、現行第一項前段移列第一項。二、現行第一項後段移列第二項。依現行規定，無論無限公司、有限公司、兩合公司、公開發行或非公開發行股票之公司，如為他公司有限責任股東時，其所有投資總額，原則上不得超過本公司實收股本百分之四十，除非公司係以投資為專業或章程另有規定或經依一定程序解除百分之四十之限制時，始不受此限。此次予以鬆綁，讓無限公司、有限公司、兩合公司或非公開發行股票之公司，不再受限；另考量公開發行股票之公司為多角化而轉投資，屬公司重大財務業務行為，涉及投資人之權益，為健全公開發行股票公司之財務業務管理，避免因不當投資而使公司承擔過高之風險，致影響公司業務經營及損及股東權益，針對公開發行股票之公司，仍有加以規範之必要，爰刪除現行第一款及第二款，並明定本項適用主體為公開發行股票之公司。三、現行第二項至第五項移列第三項至第六項，並配合酌作修正。」

貳、修法評析

一、轉投資之意義

　　公司為法人，與自然人相同，享有權利能力，但公司之權利能力有法令之限制，法令限制之目的，多為配合政府政策考量以及公共利益之維護，且限制之內容多以維持公司資本而設[1]。公司之資本為股東投資及債權人債權之唯一擔保，故對於公司資本維持，有以法令加以限制之必要，但公司轉投資亦為公司經營之事項，過多限制將有害公司自治及經營之自由，公司權利能力在法令上限制之制度設計目標，即在於在上述公益與公

---

[1]　王文宇，公司法論，6版，元照，2018年10月，頁127-128。

司之私益間取得平衡。所謂轉投資，係指公司以出資、認股、受讓出資額或股份而成為他人股東而言[2]。

二、無限責任轉投資

公司法第13條為公司「轉投資之限制」，為維持公司資本，第13條第1項禁止公司成為無限責任股東或合夥事業合夥人，其原因在於無限責任股東之對外責任，公司法第60條規定：「公司資產不足清償債務時，由股東負連帶清償之責。」合夥人之對外責任，民法第681條規定：「合夥財產不足清償合夥之債務時，各合夥人對於不足之額，連帶負其責任。」均係負擔無限、連帶清償責任，對公司資本維持影響甚鉅，故公司法第13條第1項明文禁止公司成為他公司無限責任股東或合夥事業之合夥人。實則公司對於任何項目均以其資產負無限責任，故本文認為此種限制並無意義，例如建設公司對於購買的土地、建材，動輒上千萬，可能與該公司資本相若，公司對其買賣契約價金之責任，仍須就公司之資產負全部責任，形同無限責任轉投資，但是公司法對於此種公司購買土地或公司需用財產等經營行為未見限制，足見公司為經營行為，本就其公司資本對其營業負擔無限責任，僅係公司之經營者在經營判斷上有無責任而已。

三、有限責任轉投資

至於公司成為有限責任股東，傳統見解認為較不影響公司資本之穩固，不宜多作限制，但若對其投資總額未設任何限制，亦有影響公司財務之虞，在修法之前，對於全部種類公司之投資總額限制，除經股東表決通過外，均限制不得超過本公司實收股本百分之四十。於此次修法後予以鬆綁，但考量公開發行股票之公司為多角化而轉投資，屬公司重大財務業務行為，涉及投資人之權益甚鉅，故仍有限制之必要，對於無限公司、兩合公司、有限公司以及非公開發行之股份有限公司均不再限制[3]。基於鼓勵

---

[2] 劉連煜，公司轉投資，臺灣本土法學雜誌，第77期，頁233。
[3] 王文宇，前揭註1，頁129。

經營多角化、增加多元投資管道分散投資風險，有助於公司大型化，對於公司之轉投資一直逐步放寬[4]，公司轉投資之限制於民國90年修法即增訂公開發行股份有限公司股東會決議投資超過本公司實收股本百分之四十時，若出席股東之股份總數不足特別決議之定額者，得以有代表已發行股份總數過半數股東之出席，出席股東表決權三分之二以上之同意行之的規定。此次修正又刪除對於無限公司、兩合公司、有限公司以及非公開發行之股份有限公司之限制，可謂逐步放寬公司轉投資之限制。目前僅保留對於公開發行之限制，但僅對公開發行公司為限制，是否合理，則有疑義。依公司法第156-2條第1項之規定，公司得依董事會之決議，向證券主管機關申請辦理公開發行程序。故我國對於公開與非公開發行公司之區別，在於金管會證券期貨局是否依董事會之申請而核准公開發行，而得向公眾募資。立法理由內所謂「……考量公開發行股票之公司為多角化而轉投資，屬公司重大財務業務行為，涉及投資人之權益，為健全公開發行股票公司之財務業務管理，避免因不當投資而使公司承擔過高之風險，致影響公司業務經營及損及股東權益，針對公開發行股票之公司，仍有加以規範之必要……」惟非公開發行公司亦有可能有立法理由內「健全財務業務管理、避免影響公司經營及損及股東權益」之要求，故似不足以作為特別限制公開發行公司轉投資之理由。退而言之，本文持與否定無限責任轉投資相同之想法，即公司對於任何營業項目均以其資產負無限責任，無限責任轉投資之限制並無意義，基於舉重以明輕之原則，既然無限責任轉投資都不應做限制，則有限責任轉投資即毫無限制之理由，故不論是否為公開發行公司，均不應對其轉投資做限制。

四、違法轉投資之效力

違反無限責任轉投資之效力，通說見解均認為係違反強制禁止規定而無效。關於違法有限責任轉投資之效力，則並未規定法律效果，學說見解認為投資是否超過實收股本百分之四十，係屬於公司內部財務管理事項，

---

[4] 賴源河等，新修正公司解析，2版，元照，2002年10月，頁47。

被投資之公司並無法知悉，為保障交易安全，轉投資之行為仍為有效[5]。本文認為，既然轉投資行為完全有效，有限責任轉投資限制之規定即顯得毫無意義，蓋本條之限制，若認為轉投資之行為完全有效，則唯一的法律效果即在於同條第6項公司負責人對於公司損害賠償責任之規定，實則董事對於公司之經營，依公司法第23條第1項之規定，負忠實義務及善良管理人注意義務，違反善良管理人注意義務造成公司損害，亦課予董事損害賠償責任。又是否投資其他公司，本屬於公司經營事項，由董事會決議行之，意即董事會本來就依忠實義務及善良管理人注意義務對於投資之決議以及執行負責。公司法第13條第6項公司負責人損害賠償責任之規定，若要與第23條作出區別，只有已符合第13條第6項之規定，於超過實收股本百分之四十之投資案若經過股東會特別決議，即令董事得以免責一途，但如此解釋將導致超過百分之四十之投資案得依股東會通過免責，未超過百分之四十之投資案，因公司負責人仍須就公司法第23條負責，卻無公司法第13條第6項免責規定適用之不合理現象，故不宜解釋為免責規定。綜上所述，公司法第13條關於有限責任轉投資之限制因無實際的法律效果，造成並無特別規範之實益。

參、結論

公司法第13條轉投資限制之規定，在違反有限責任轉投資方面，於修法前即有違法有限責任之轉投資效力為何之爭議，於修法前即未規定法律效果，學說上即有「絕對無效說」、「相對無效說」、「有效說」，學說通說以保障交易安全為由採取有效說，使本條規定因無法律效果而無規範實益。在事前穩固公司資本之機制，目前可由董事忠實與善良管理人注意義務把關，故本條關於有限責任之轉投資之規定並無規範之實益。因此本文認為，若無正當理由，不得限制公開發行公司有限責任之轉投資，而應

---

[5] 王志誠，公司轉投資之自由及限制，月旦法學教室，第98期，2010年，頁21。

全面解除有限責任轉投資之限制。

　　在違反無限責任轉投資，雖然傳統見解均認為應屬違反強制禁止規定，該轉投資行為無效。但本文認為，公司對於任何營業項目均以其資產負無限責任，無限責任轉投資之限制並無意義，應予考量的，只有公司負責人就該經營判斷是否有責任而已，本文上開對於有限責任轉投資現行法之解釋，亦可得此結論，宜統一取消對於公司轉投資之限制，而認公司對於轉投資之法律行為均為有效，公司負責人對於該轉投資行為，則依公司法第23條判斷其責任，避免公司對外為法律行為之法律效果以及公司負責人責任判斷之複雜化。

4

公司法第22-1條之簡評——從洗錢防制之角度談起

詹秉達

壹、導言

近年來強化洗錢防制逐漸成為公司治理潮流之一[1]，臺灣公司法不免俗地於民國（下同）107年8月1日大幅修正公司法內容，並特別為了符合洗錢防制之目的，在公司法第22-1條制定了相關規定。從本條立法理由觀之，本條是為了配合洗錢防制政策，並協助建置完善洗錢防制體制及增加法人（公司）之透明度等面向而設，惟在修法的過程中卻刪除原有「實質受益人」（Beneficial owner）的用語，並規定申報的對象僅限於董事、監察人、經理人及持有已發行股份總數或資本總額超過百分之十之股東，由於申報的對象不及於最終控制權人，因此申報的資料很可能並不包含最終控制權人，此顯然無法使主管機關獲得足夠的資訊以防制洗錢。從增加法人透明度的角度而言，由於本條文規定申報對象僅限於第一層之內部人，第二層之後的持股情形並無須申報，欲增加法人的透明度之功效亦大打折扣。因此，本條之功能似乎僅剩「設立一個政府機關能受理公司申報資訊的平臺」之依據，然而政府機關就該平臺中所能掌握之資訊，仍不足以達到防制洗錢的最終目的，因此本條的修法立意雖為良善，但觀其條文內容

---

[1] 例如英國公司法在2016年修正後，要求中小型企業也必須揭露實質受益人，該國的許多中小企業主基於希望降低交易風險及更能瞭解交易對象因而自願揭露。更詳細的內容請參見：Alexandra Wrage, Ownership Of Privately-Held Companies: Privacy VersusTransparency，網址：https://www.forbes.com/sites/alexandrawrage/2015/08/18/ownership-of-privately-held-companies-privacy-versus-transparency/#4ea5224e5fdc，最後瀏覽日期：2018年12月1日。

卻有為德不卒之憾。

貳、公司法第22-1條之內容及其立法理由

一、公司法第22-1條第1項

(一) 條文內容

　　公司法第22-1條第1項規定：「公司應每年定期將董事、監察人、經理人及持有已發行股份總數或資本總額超過百分之十之股東之姓名或名稱、國籍、出生年月日或設立登記之年月日、身分證明文件號碼、持股數或出資額及其他中央主管機關指定之事項，以電子方式申報至中央主管機關建置或指定之資訊平臺；其有變動者，並應於變動後十五日內為之。但符合一定條件之公司，不適用之。」

(二) 立法理由

　　1. 為配合洗錢防制政策，協助建置完善洗錢防制體制，強化洗錢防制作為，增加法人（公司）之透明度，明定公司應每年定期以電子方式申報相關資料至中央主管機關建置或指定之資訊平臺。申報資料如有變動，並應於變動後15日內申報。

　　2. 參照證券交易法第25條第1、2項規定，明定公司應申報之資料為董事、監察人、經理人及持有已發行股份總數或資本總額超過百分之十之股東之持股數或出資額等相關資料。

　　3. 鑒於具特殊性質之公司例如國營事業等，因有特殊考量，宜予以排除適用，爰於但書規定，符合一定條件之公司，不適用之。

二、公司法第22-1條第2項

(一) 條文內容

公司法第22-1條第2項規定：「前項資料，中央主管機關應定期查核。」

(二) 立法理由

政府應有效掌握公司相關資料，並應有一定機制確保該資料之正確性與及時性，爰於第2項明定中央主管機關應定期查核。

三、公司法第22-1條第3項

(一) 條文內容

公司法第22-1條第3項規定：「第一項資訊平臺之建置或指定、資料之申報期間、格式、經理人之範圍、一定條件公司之範圍、資料之蒐集、處理、利用及其費用、指定事項之內容，前項之查核程序、方式及其他應遵行事項之辦法，由中央主管機關會同法務部定之。」[2]

(二) 立法理由

為利後續執行與推動，於第3項明定相關子法由中央主管機關會同法務部定之；此資訊平臺，係為配合防制洗錢而設，不對外公開，關於資訊之處理及利用，並非漫無限制，有其一定之範圍，授權於子法中明定。

四、公司法第22-1條第4、5項

(一) 條文內容

公司法第22-1條第4項：「未依第一項規定申報或申報之資料不實，經中央主管機關限期通知改正，屆期未改正者，處代表公司之董事新臺幣

---

[2] 法務部已於民國107年10月31日公布「公司法第二十二條之一資料申報及管理辦法」。

五萬元以上五十萬元以下罰鍰。經再限期通知改正仍未改正者，按次處新臺幣五十萬元以上五百萬元以下罰鍰，至改正為止。其情節重大者，得廢止公司登記。」；公司法第22-1條第5項：「前項情形，應於第一項之資訊平臺依次註記裁處情形。」

（二）立法理由

於第4項及第5項明定未依規定申報或申報之資料不實者，中央主管機關應先限期通知公司改正，屆期未改正者，始予處罰，其罰則係參照洗錢防制法而定，並於資訊平臺依次註記處罰情形，俾利管理。

參、公司法第22-1條應納入重大控制權人之概念

一、在公司治理及洗錢防制規範的面向上，我們在乎的是：誰才是真正控制公司的人？且為了防堵公司的人頭文化，因此我們必須把公司的重大控制者相關資訊揭露或申報予主管機關[3]知悉。目前防制洗錢金融行動工作組織（Financial Action Task Force, FATF）[4]與臺灣金融監督管理

---

[3] 誠如學者朱德芳教授強調「這些人利用人頭設立公司，又隱身在後控制公司，其動機為何？」並舉例近期的樂陞案就是一例子。自由財經，公司法實質受益人漏洞學者：恐無法通過洗錢評鑑，網址：http://ec.ltn.com.tw/article/breakingnews/2427180，最後瀏覽日期：2019年1月22日。

[4] 國際洗錢防制體系在近年來逐漸著重打擊資助恐怖主義，現行國際間關於洗錢防制之標準，多以防制洗錢金融行動工作組織（Financial Action Task Force, FATF）於2012年提出的40項建議內容為主。該項建議內容，係要求國家建構以風險為基礎之洗錢防制法令體系，其中第24項建議是有關於法人之透明性及實質受益權，並要求各國政府應建立機制有效掌握法人基本資訊及其股東與實質受益人。FATF對於實質受益人的定義為「Beneficial owner refers to the natural person(s) who ultimately owns or controls a customer and/or the natural person on whose behalf a transaction is being conducted. It also includes those persons who exercise ultimate effective control over a legal person or arrangement.」，請參考http://www.fatf-gafi.org/publications/fatfrecommendations/documents/fatf-recommendations.html，最後瀏覽日期：2019年1月23日。

委員會皆對公司有終局控制權者界定為「實質受益人」，如臺灣金融監督管理委員會於2017年6月28日頒布的金融機構防制洗錢辦法第2條第7項規定：「實質受益人：指對客戶具最終所有權或控制權之自然人，或由他人代理交易之自然人本人，包括對法人或法律協議具最終有效控制權之自然人。」；同辦法第3條第7款規定「具控制權係指直接、間接持有該法人股份或資本超過百分之二十五者」，若「無法依此發現具控制權之自然人，或對具控制權自然人是否為實質受益人有所懷疑時，應辨識有無透過其他方式對客戶行使控制權之自然人。」

　　二、惟此次公司法修法僅參照證券交易法第25條第1、2項規定內容，明定公司應申報之資料者為董事、監察人、經理人及持有已發行股份總數或資本總額超過百分之十之股東，此次申報之主體顯然與公司內部人無異，且申報對象限於股權結構的第一層，與洗錢防制所需之重大控制權人或實質受益權人之相關資訊，兩者間顯有重大差距，若僅依此條文所規定內容加以申報資料，實難以得知重大或最終控制權人究竟為何人，進一步導致所獲得資料之完整度顯難以達到足以防制洗錢的最終目的[5]。

---

[5] 不同意見，請參照司法院方華香助理研究員：「洗錢防制法本身僅規定『實質受益人』（洗錢防制法第7條規定參照），並未針對『實質受益人』之範圍做出定義，而係授權由中央目的事業主管機關會商法務部訂定相關辦法，就受列管行業或人員分別訂定實質受益人之範圍是否及於最終受益人，例如『金融機構』防制洗錢辦法、『律師』辦理防制洗錢確認身分保存交易紀錄及申報可疑交易作業辦法、『地政士及不動產經紀業』防制洗錢辦法等是。亦即，並非現今社會所有行業或所有公司均在上述洗錢防制法適用之列，故此次行政院方另行修正公司法，以為規範『公司』之申報實質受益人規定。綜之，公司法本次修法增訂第22-1條，雖與洗錢防制法之修正同係因應亞太洗錢防制組織之評鑑，但適用範圍並不一致；而兩者均為法律位階，法規範之地位相等，公司法對『實質受益人』之定義未必一定要受到洗錢防制法之限制或與受到洗錢防制法列管之金融機構、律師、會計師、地政士、不動產經紀業等行業或專業人員同樣之限制。蓋因洗錢防制法所列管之金融機構或會計師、律師、地政士、不動產經紀業等，係高度可能被利用為洗錢管道或有接觸到洗錢金流之高度可能性，但公司種類眾多、形態多元、大小規模不一，未必均具有接觸洗錢此類非法行為之高度可能性，故或應考量公司規模大小、業務性質、是否具有接觸非法洗錢行為之高度可能性，而針對實質受益人之範圍為不同密度之規範（即採取風險監管概念）。」網址：https://www.ly.gov.tw/Pages/Detail.aspx?nodeid=5249&pid=169601，最後瀏覽日期：2019年1月23日。

肆、若有複數表決權或對於特別事項具有否決權之股權結構者，應納入申報之範圍

一、公司法第157條規定：「公司發行特別股時，應就下列各款於章程中定之：一、特別股分派股息及紅利之順序、定額或定率。二、特別股分派公司賸餘財產之順序、定額或定率。三、特別股之股東行使表決權之順序、限制或無表決權。四、**複數表決權特別股或對於特定事項具否決權特別股**。五、特別股股東被選舉為董事、監察人之禁止或限制，或當選一定名額董事之權利。六、特別股轉換成普通股之轉換股數、方法或轉換公式。七、特別股轉讓之限制。八、特別股權利、義務之其他事項（第1項）。前項第四款複數表決權特別股股東，於監察人選舉，與普通股股東之表決權同（第2項）。下列特別股，於公開發行股票之公司，不適用之：一、第一項第四款、第五款及第七款之特別股。二、得轉換成複數普通股之特別股（第3項）。」

二、公司法第356-7條規定：「公司發行特別股時，應就下列各款於章程中定之：一、特別股分派股息及紅利之順序、定額或定率。二、特別股分派公司賸餘財產之順序、定額或定率。三、**特別股之股東行使表決權之順序、限制、無表決權、複數表決權或對於特定事項之否決權**。四、特別股股東被選舉為董事、監察人之禁止或限制，或當選一定名額之權利。五、特別股轉換成普通股之轉換股數、方法或轉換公式。六、特別股轉讓之限制。七、特別股權利、義務之其他事項（第1項）。第一百五十七條第二項規定，於前項第三款複數表決權特別股股東不適用之（第2項）。」

三、公司法既在第157條第1項第4款及第356-7條第1項第3款規定得依章程訂定「複數表決權特別股」及「對於特定事項具否決權特別股」之制度，因此若公司章程有訂定某位股東有複數表決權或對於特定事項具有否決權之情形，該名股東即實際上對該公司足以發揮或行使重大影響或控制

力，此時在外國立法例[6]上，即有將此「有權利或實際上對該公司發揮或行使重大影響力或控制」之人界定為公司重大控制人。

　　四、觀諸我國公司法第22-1條第1項之內容，僅規定公司每年應定期申報者為該公司董事、監察人、經理人及「持有已發行股份總數或資本總額超過百分之十之股東」，顯然忽略依章程訂定擁有**複數表決權**或**對於特定事項**具有否決權的股東，事實上對於公司亦有重大控制力或影響力之情形，縱使此種情形從公司章程可得而知，惟從須及時提供有助於洗錢防制目的之資訊的角度而言，對公司具有重大控制力或影響力者的相關資訊，應須於該公司章程訂立完成後即一併將該資訊申報至資訊平臺，以符合國際洗錢規範資訊即時性之要求[7]。

---

[6] 如香港，對於公司重要控制人規範如下：
　一、公司的重要控制人包括：
　（一）「須登記人士」，即對該公司有重大控制權的自然人。
　（二）「須登記法律實體」，例如：對該公司有重大控制權，並為該公司的股東的某公司。
　二、某人如符合下述5個條件中的1個或以上條件，即對公司有重大控制權：
　（一）該人直接或間接持有該公司25%以上的已發行股份；或如該公司沒有股本，該人直接或間接持有分攤該公司25%以上的資本或分享該公司25%以上的利潤的權利。
　（二）該人直接或間接持有該公司25%以上的表決權。
　（三）該人直接或間接持有委任或罷免該公司董事局的過半數董事的權利。
　（四）該人有權利或實際上對該公司發揮或行使重大影響力或控制。
　（五）該人有權利或實際上對某信託或商號的活動發揮或行使重大影響力或控制，而該信託或商號並不是法人，但該信託的受託人或商號的成員，就該公司而言符合首4個條件中的任何1個條件。
　參考香港公司註冊網站：https://www.cr.gov.hk/tc/scr/faq.htm#04，最後瀏覽日期：2018年12月2日。
[7] 例如歐盟於2015年發布「洗錢防制第四號指令」（4th Anti-Money Laundering Directive, 4th AMLD），要求成員國應「充分、及時和準確地」掌握設立在本國的公司等法律實體之實質受益人資訊。

伍、公司法第22-1條第4項所規定廢止公司登記之法律效果，恐有侵害非控制股東權益之虞

　　一、公司法第22-1條第4項規定，違反本條申報義務且情節重大者，得廢止公司登記，惟廢止公司登記的處罰效果，處罰的對象不僅僅是公司的控制股東，公司中非控制之股東也會一併受廢止公司登記的牽連，且其權益受侵害的程度可謂甚鉅。若將保障其他非重要控制股東的權益納入考慮，為了懲罰公司重要控制股東而將公司廢止登記，其手段與要求強制申報之目的間，是否符合比例原則，恐有重大疑慮。

　　二、在洗錢防制所需之相關資訊上，公司之重要控制股東當然具有應申報之義務，惟其手段上不應該使原已無控制權之其他股東之權利更為弱化，使其一併承受廢止公司登記所生之不利益。因此本文建議可參考外國立法例[8]，在公司重大控制股東不履行其申報義務之情形，主管機關應先限制不依法申報的重大控制股東的股東權（包括但不限於表決權、章程所定對重大事項之否決權等等），並課予公司、公司負責人及重大控制股東刑事責任[9]，以達到強制公司履行其依法申報義務之效果。

---

[8]　「英國公司法第790I規定，公司對無正當理由，卻未於期限內（一個月）回覆確認通知之股東，有權依公司法附表IB（Schedule IB Enforcement of Disclosure Requirements）之規定，發出「限制權利通知」（restrictions notice）。限制權利通知發出後，在法院命令解除或公司依法撤回該限制之前，該股東之股東權行使將受到限制，包括股權轉讓無效，無法行使投票權，無法領取股利等」。朱德芳、陳彥良，公司之透明、信賴與問責——以實質受益人規範為核心，中正財經法學雜誌，第16期，2018年1月，頁33。

[9]　依新加坡法之規定，違反法定申報義務之公司與每名違反規定之負責人（officer of the company who is in default），皆會構成刑事責任，此部分係參考朱德芳、陳彥良，前揭註8，頁32。

陸、代結論

在人頭公司文化盛行的臺灣，如何追蹤至公司背後真正的控制權人，涉及洗錢防制及交易安全，因此尤為重要。惟現行公司法第22-1條之規範內容，功能弱化到僅為「設立一個政府機關能受理公司申報資訊的平臺」之依據。是以本文建議，為了真正落實洗錢防制政策及增加法人（公司）之透明度，下次修法宜加入重大控制權人之概念，並將直接控制及間接控制之類型皆加以明定。至於增加法人透明度之部分，則可以在適當保護個人資訊的前提下，公開公司控制人股權資訊予大眾知悉，使債權人及交易相對人能夠清楚認知真正往來及交易的對象為何人，達到真正的公司公開透明。

5

有限公司之揭穿公司面紗修法評析

莊曜隸

壹、前言

　　公司法人格獨立原則與股東有限責任原則係公司法的兩大基本原則：依據公司法人格獨立原則，公司與股東為個別獨立之權利義務主體，其財產各自分離，不相牽連；又依股東有限責任原則，股東僅就其出資負有限責任。此兩大原則之利在於降低股東投資風險，鼓勵投資與事業之開展，其弊在於股東得藉由此兩大原則，規避法律規定，將責任推由公司負責，自己則隱身於公司背後，逍遙法外。惟當股東濫用公司法人格作為其責任之保護傘，顯然違背誠信原則且情節重大時，英美法可藉由「揭穿公司面紗原則」，日本法則依「法人格否認理論」於個案中否定公司法人格，將股東與公司視為同一主體，令股東對公司債務負責。我國公司法原本僅有公司法第369-4、369-7條得以處理關係企業間濫用控制股東地位之情形，惟2008年雷曼兄弟集團破產所生之金融風暴，實務見解皆以法未明文而否定「法人格否認理論」之適用，可知現行法已有不足，立法遂於民國102年1月30日增訂公司法第154條第2項規定，在股東濫用法人格顯違誠信且情節重大時得令股東負責，正式引進「法人格否認理論」；又於民國107年8月1日增訂公司法第99條第2項，將「法人格否認理論」之適用擴及於有限公司。惟此一立法是否足以因應所有股東濫用法人格之情況，為本文討論之重點。

貳、揭穿公司面紗原則之適用客體與要件

一、揭穿公司面紗原則之適用客體似乎僅限於公司股東

　　「公司法人格否認理論」與「揭穿公司面紗原則」，二者在法院實務上經常混用[1]，意義似乎相同，惟學者認為二者在美國法之概念稍有不同，蓋美國法上，公司法人格否認（disregard of corporate entity）適用之情形，一般有三：1.公司債權人對公司股東提起訴訟，要求股東對公司之債務負起責任，揭穿公司面紗（piercing the corporate veil）；2.在關係企業之情形，揭穿公司圍牆（piercing corporate wall），使關係企業之兄弟姊妹公司，對分子公司之債務負責；3.濫用公司型態以逃避「法令或契約上的債務」（statutory or contract obligations）者，法院否認其公司人格，使其不法目的不達。前兩種情形判決使用「揭穿公司面紗」或「揭穿公司圍牆」似較常見，第三種情形因所重者非股東個人應否對公司債務負責之問題，以「否認公司人格」之字眼較貼切[2]。足見「揭穿公司面紗原則」僅為「法人格否認理論」之態樣之一而已。故揭穿公司面紗原則似乎僅能以公司之股東為請求之客體，至於與公司間有緊密關係之兄弟姊妹公司則為「揭穿公司面紗圍牆」原則之請求客體，似非揭穿公司面紗原則之請求客體。

二、揭穿公司面紗原則之適用要件

　　我國於102年1月30日增訂公司法第154條第2項規定，並於107年7月6日增訂公司法第99條第2項規定，將「揭穿公司面紗原則」或「法人格否認理論」之適用自股份有限公司擴及有限公司，而依其法條之文義，均係

---

[1] 例如臺灣高等法院89年度上字第47號判決以及後述之Walkovsky v. Carlton (N.Y. Ct. App. 1966) 一案。學者文獻上亦有將二名稱混用者，王泰銓，比較關係企業法之研究，翰蘆，2004年8月，頁12。

[2] 劉連煜，揭穿公司面紗原則及否認公司人格理論在我國實務之運用，公司法理論與判決研究（四），元照，2006年4月，頁147-148。

以「股東濫用公司之法人地位，致公司負擔特定債務而清償有顯著困難，且其情節重大而有必要」為要件，惟何謂「濫用公司之法人地位」？何謂「情節重大而有必要」？參酌立法理由：「法院適用揭穿公司面紗之原則時，其審酌之因素，例如審酌該公司之股東人數與股權集中程度；系爭債務是否係源於該股東之詐欺行偽；公司資本是否顯著不足承擔其所營事業可能生成之債務等情形。」[3] 應可將「股東人數與股權集中程度」、「股東詐欺行為」、「公司資本不足以承擔所營事業可能生成之債務」之因素納入「濫用法人地位」與「情節重大而有必要」之判斷。

　　而由我國近年之司法實務判決觀之，「揭穿公司面紗原則」或「法人格否認理論」之適用，其考量之因素大抵有「過度控制」[4]、「被害人係非自願性債權人」、「被告必須為直接或間接之控制公司」、「被告過度控制使公司猶如被告之分身」、「被告對公司之行為明知且放任之」、「被告有惡意脫產之情事」[5]、「法人格濫用（構成要件：股東為遂行規避法律或契約義務之目的，利用公司法人格獨立及股東有限責任制度，設立其他資本額過少的公司對外為法律行為）」、「法人格形骸化（構成要件：實質為同一企業、控制從屬關係、資本額不足、經營實權與經營主體混同、公司財產與股東個人財產不分、不遵守公司法相關程序、榨取公司利益等）」[6]。

　　若參酌美國、英國、德國、中國大陸等各國適用揭穿公司面紗原則之要件則往往給人的感覺是雜亂的、不確定的、無法聚焦的，而且不同要件之間常相互重疊，亦無一個因素或特定情形是可以作為絕對因素判斷應否揭穿公司面紗的，惟仍可歸納整理出以下六個基本考量因素，並融入立法

---

[3]　立法院法律系統：http://lis.ly.gov.tw/lgcgi/lglaw?@152:1804289383:f:NO%3DE04517*%20OR%20NO%3DB04517$$11$$$PD%2BNO。

[4]　最高法院102年度台上字第1528號民事判決：「法院審查個案是否揭穿公司面紗所應參酌之因素至夥，例如母公司之『過度控制』屬之，此項決定性因素非指母公司百分之百持有子公司即可揭穿，尚應考量母公司對子公司有密切且直接之控制層面。」

[5]　臺灣高等法院104年度重上字第505號民事判決。

[6]　臺灣高等法院101年度建上字第199號民事判決。

理由及司法實務判決所考量之因素，以供我國適用公司法第154條第2項或新增訂之公司法第99條第2項規定時參酌。分述如下：

(一) 過度控制

指對公司重要經營事項為經常性之支配，使公司失去自己的意志而言。立法理由所謂之「股東人數與股權集中程度」應屬此一範疇。

(二) 資本不足

指公司設立時未投入充足資本與所營事業預期之風險相對應。立法理由所謂之「公司資本不足以承擔所營事業可能生成之債務」亦屬之。

(三) 詐欺或不公平行為

泛指一般違反公序良俗或脫法之行為，包含公司設立時資本充足，事後皆由各種名目抽逃出資之行為（或謂詐欺性財產移轉）。立法理由所謂之「股東詐欺行為」即屬之，而臺灣高等法院104年度重上字第505號民事判決所採之「惡意脫產」之要件，亦應歸類為此一範疇。

(四) 財產或業務上之混同

所謂財產混同可歸納如下四種情形：「1.公司與股東的資金混同，使用同一帳戶或相互調撥，占用資金頻繁，數額巨大；2.公司與股東的收益不加區分，致使雙方債務帳目不清；3.公司與股東的營業場所、主要設備、辦公設施同一；4.其他股東與公司財產大量持續混同的情形。」[7]；所謂業務混同則主要包括以下情形：「1.股東與公司之間或者公司與公司之間在業務性質、範圍上重合或絕大部分交叉；2.股東與公司之間或者公司與公司之間因在業務上存在上下游關係而大量交叉或混同；3.其他股東

---

[7] 朱慈蘊，公司法人格否認制度——理論與實踐，人民法院，2009年，頁199。引自范劍虹、李海敏、李翀，中、美、德「公司法人格否認」比較研究，澳門大學，2013年2月，頁71-72。

與公司業務持續混同的情形。」[8]

(五) 自願性債權人或非自願性債權人

　　蓋自願性債權人，如契約當事人之間，在交易當下通常對公司之資力、債信有所認識與評估，才決定與公司進行交易，除非公司有故意隱匿、詐欺等行為，否則債權人對損害之發生應有預見可能性，由其承擔風險亦屬合理，法院應傾向不予揭穿公司面紗；至於非自願性債權人，如侵權行為之被害人，對於風險或損害多無從事前預見，法院為保障這些非自願性債權人，多傾向揭穿公司面紗，責令股東負責。我國法院實務在臺灣高等法院100年度重上字第9號民事判決亦有相同之闡述[9]，亦為臺灣高等法院104年度重上字第505號民事判決引為揭穿公司面紗之理由。

(六) 公開公司或非公開公司

　　蓋學者認為有限責任於公開公司中的功能（如降低監控成本、維持效率資本市場）於閉鎖性公司中並不存在，故能容許在閉鎖性公司揭穿公司面紗。惟若在公開公司揭穿公司面紗則可能會使得股東有限責任於公開公司中所扮演的功能喪失殆盡。[10]再者，公開發行公司由於股東人數較多，公司股權較為分散，其股東不像閉鎖性公司之股東有機會參與公司經

8　朱慈蘊，前揭註7，頁200。引自范劍虹、李海敏、李翀，前揭註7，頁72。

9　判決原文摘錄如下：「美國法院於決定是否適用此原則時，通常將被害人（債權人）區分為自願性或非自願性兩種。所謂自願性之債權人，以契約關係之相對人為代表，此等人於債權發生前多半已與公司有所接觸，對於公司之資力、債信有所認識及評估，才決定與公司進行交易，自願性之債權人對於損害之發生具有預見可能性，因此一旦於嗣後發生損害，基於其對風險已有所預期，使其承擔風險尚屬合理，故不得轉嫁至對方公司及其股東，是在契約案件中，法院並未輕易適用此原則。至於侵權行為之案例，由於被害人多屬非自願性之債權人，對於可能發生在自己身上之風險及損害，多無法事先預見，此時，法院為保障這些非自願性之債權人，較傾向適用此原則，令股東負擔損害賠償責任。」

10　劉公偉，揭穿公司面紗原則之經濟分析，臺大法學論叢，2001年9月，頁201。

營，[11]因而在美國實務上與公開公司揭穿公司面紗之成功比例是零[12]。我國引進揭穿公司面紗原則，就公開公司之部分，仍應限縮揭穿公司面紗原則之適用。立法理由以「股東人數與股權集中程度」作為考量因素，用意亦應在此。

　　以上六個基本考量因素並非必須併存，而係由法院根據這些考量因素判斷股東濫用法人格之情節是否重大，以及有無必要揭穿公司面紗。有學者在揭穿公司面紗之判斷引進美國法院之「雙叉測試法」，分成要件一：是否為「分身」或「單一經濟體」及要件二：有無「詐欺或不公平」行為，必須二要件併存始得揭穿公司面紗，亦值參酌[13]。本文認為司法實務或許可套用「雙叉測試法」，要件一：是否為「分身」或「單一經濟體」之判斷，考量因素為「過度控制」、「財產或業務之混同」、「公開公司或非公開公司」[14]及要件二：有無「詐欺或不公平」行為之判斷，考量因素則為「資本不足」、「詐欺或不公平行為」、「自願性或非自願性債權人」[15]。

　　※雙叉測試法之運用：

要件一：是否為「分身」或「單一經濟體」？

→考量因素：1.過度控制

　　　　　　2.財產或業務上之混同

　　　　　　3.公開公司或非公開公司

要件二：是否有「詐欺或不公平」行為？

---

[11] 郭大維，股東有限責任與否認公司法人格理論之調和——「揭穿公司面紗原則」之探討，中正財經法學，2013年7月，頁86。

[12] 劉公偉，前揭註10，頁201。

[13] 洪秀芬、朱德芳，關係企業債權人保護之發展趨勢——以揭穿公司面紗為核心，臺大法學論叢，2014年9月，頁677-686。

[14] 蓋判斷是否為「分身」或「單一經濟體」，須考量股東對公司之控制程度、股東人數與股權集中程度、股東與公司間有無財務或業務上之混同等。

[15] 蓋判斷有無「詐欺或不公平」之行為，須考量有無詐欺或違反公序良俗或脫法行為等不公平情事，或公司設立時之資本是否充足、公司設立後有無抽逃出資等行為、損害是否為債權人事前所得預見等。

→考量因素：1. 詐欺或不公平行為

2. 資本不足

3. 自願性債權人或非自願性債權人

參、修法評析

一、將揭穿公司面紗原則之適用擴張及於有限公司，值得肯定

我國於102年1月30日增訂公司法第154條第2項規定，正式引進揭穿公司面紗原則，而該法條係訂立於股份有限公司之章節，似乎僅適用於股份有限公司，惟相較於股份有限公司，閉鎖性更高之有限公司更有濫用法人格之情況，竟無揭穿公司面紗原則之適用！備受批評。今修法將揭穿公司面紗原則擴及有限公司，實值肯定。

二、要件仍過於抽象、不明確

我國公司法第154條第2項規定，以及公司法第99條第2項規定，均係以「股東濫用公司之法人地位，致公司負擔特定債務而清償有顯著困難，且其情節重大而有必要」為要件，惟何謂「濫用公司之法人地位」？何謂「情節重大而有必要」？法條文字仍過於抽象、不明確。雖立法理由謂：「法院適用揭穿公司面紗之原則時，其審酌之因素，例如審酌該公司之股東人數與股權集中程度；系爭債務是否係源於該股東之詐欺行偽；公司資本是否顯著不足承擔其所營事業可能生成之債務等情形。」[16]應可將「股東人數與股權集中程度」、「股東詐欺行為」、「公司資本不足以承擔所營事業可能生成之債務」之因素納入「濫用法人地位」與「情節重大而有必要」之判斷，然在判斷時，這些因素究竟應同時符合，抑或僅需符合一兩點即可，均仍有疑義，這也許是因為揭穿公司面紗原則係由諸多案例發展而來，每個案例均有不同之考量，難以將各種考量之點明文化、要件化

---

[16] 立法院法律系統，前揭註3。

之本質使然。

三、適用客體僅限於公司之「股東」，無法揭穿至與公司有緊密結合關係之兄弟姊妹公司

　　我國公司法第154條第2項規定、第99條第2項規定均明文：「股東濫用公司之法人地位，致公司負擔特定債務且清償顯有困難，其情節重大而有必要者，該股東應負清償之責。」可知我國引進揭穿公司面紗原則，其適用之客體限於「股東」，此或許與美國法揭穿公司面紗原則一致，惟美國法上並非以揭穿公司面紗原則為其法人格否認理論之唯一態樣，而我國法僅引進「半套」之法人格否認理論，是否足夠？誠有疑義。在修法前似乎僅能將「揭穿公司圍牆」原則依民法第1條之「法理」，引進我國。

6

論法人設立之一人股份有限公司之董監配置

林欣蓉

壹、前言

我國公司法於民國90年10月25日經立法院三讀通過修正，並於同年11月12日經總統令公布施行，明文承認「政府或法人股東之一人股份有限公司」，並於該法第2條、第98條、第106條、第128條、第128-1條[1]及第315條中為相關的修正與增訂，以配合「一人公司」制度的落實。然而，一人公司制度，除了設計基本概念外，尚有與公司法上機關責任制度的衝突、組織運作及流弊防治等問題，該次修法是否真有助於企業經濟之發展，諸多學者提出質疑[2]。

107年度公司法再度針對法人設立之一人股份有限公司進行修正[3]，增加依章程規定得不設置監察人、董事會可二人等規定，期望達到簡化、彈性的目的，然前次修法所遺留的問題，例如股東會職權由董事會行使容易

---

[1] 公司法第128-1條（民國90年10月25日修正／民國90年11月12日公布）：「政府或法人股東一人所組織之股份有限公司，不受前條第一項之限制。該公司之股東會職權由董事會行使，不適用本法有關股東會之規定（第1項）。前項公司之董事、監察人，由政府或法人股東指派（第2項）。」

[2] 林德瑞，論一人公司，輔仁法學，第23期，2002年6月，頁177。

[3] 公司法第128-1條（民國90年10月25日修正／民國90年11月12日公布）：「政府或法人股東一人所組織之股份有限公司，不受前條第一項之限制。該公司之股東會職權由董事會行使，不適用本法有關股東會之規定（第1項）。前項公司，得依章程規定不設董事會，置董事一人或二人；置董事一人者，以其為董事長，董事會之職權由該董事行使，不適用本法有關董事會之規定；置董事二人者，準用本法有關董事會之規定（第2項）。第一項公司，得依章程規定不置監察人；未置監察人者，不適用本法有關監察人之規定（第3項）。第一項公司之董事、監察人，由政府或法人股東指派（第4項）。」

造成濫權的疑慮並未解決,再增加不設監察人或董事會人數可為二人等簡化規定,決議程序是否會因此混亂,不設監察人的股份有限公司是否仍屬股份有限公司類型,又沒有監督機關的股份有限公司在公司治理上是否會出現問題,似有探討之必要。本文擬探討現行公司法第128-1條下法人設立之一人股份有限公司之股東會、董事會及監察人之配置及職權是否妥適及可能衍生的問題。

貳、法人一人股份有限公司由董事會執行股東會職權

股份有限公司公司雖具法律上人格,但因無實體之存在,勢必得依賴自然人所組成之機關,作為活動之基礎。在現代經濟學原理進行職權分配結果所產生的所有權與經營權分離之原則概念下,我國仿效日本立法,股份有限公司之機關採用橫列二元制,股份有限公司之機關基本為股東會、董事會及監察人[4],依性質可區分為:最高意思決定機關-股東會、執行業務(代表)機關-董事會與以監察人為代表之監察機關三種[5]。依我國公司法規定股份有限公司應有二人以上為發起人(公司法第128條第1項),但政府或法人股東一人即可組織股份有限公司(公司法第128-1條第1項)[6]。以下先分別介紹股份有限公司(指二人以上股東)及政府或法人股東一人設立之股份有限公司之股東會職權。

---

[4] 黃清溪,公司法基礎理論——股東會篇,五南,2017年8月,頁5。

[5] 王文宇,公司法論,5版,元照,2016年7月,頁288。

[6] 我國經濟部為解決實務上常見政府或法人股東再覓六位形式股東之問題,而「承認政府或法人股東一人之股份有限公司」,以企業經營之需要為由於民國90年公司法修正案中增訂第128-1條第1項「政府或法人股東一人所組織之股份有限公司,不受前條(第128條第1項股份有限公司應有二人以上為發起人)之限制。」自此公司法明定當股東為政或法人可直接申請為一人股份有限公司,而原股份有限公司規定的法定機關股東會、董事會及監察人等機關,也隨著此規定變化。

一、 股份有限公司（二人以上股東）之股東會配置及職權

股東會是企業所有人（即股東）為成員所構成的機關，是將個別股東的意見彙總並經由股東開會形成公司的意思決定之必要機關。股東會決議事項，對公司之其他機關（如業務執行機關之董事會）及董事等具有拘束力，稱為最高機關。2001年公司法修改，導入董事會制度，業務執行除公司或章程規定應由股東會決議之事項外，全悉屬董事會之職權[7]。依我國公司法規定股東會決議事項主要如：章程變更（公司法第277條）等基礎事項，董事、監察人之選任、解任（公司法第192、216條）、董事、監察人之報酬決定（公司法第196、227條）、會計表冊之承認（公司法第230條）等[8]，試將股東會職權彙整如表6-1。

表6-1　股份有限公司及法人設立之一人股份有限公司之機關及職權

	股份有限公司	法人一人股份有限公司
股東會	*普通決議事項 對公司董事、負責人歸入權之行使（§23-3、§209-5） 減少資本、消除股份（§168-1） 退還財產、抵充數額之同意（§168-2） 財務報表、虧損填補議案之決議（§168-1） 選任監察人查核公司（§173-3、§184-3、§331-2） 盈餘分派、虧損撥補（§184-1） 董事、監察人之報酬（§196-1、§227） 改選全體董事（§199-1） 對董事提起訴訟、對監察人提起訴訟（§212、§225-1） 選任訴訟代表人（§213、§225-2） 會計表冊之承認（§230-1、§231） 特別盈餘之提出（§237-2）	股東會之職權由董事會行使（§128-1①）。

---

[7] 黃清溪，前揭註4，頁29。

[8] 現行公司法下股份有限公司之股東會職權整理如本文表6-1「股份有限公司及法人設立之一人股份有限公司之機關職權」。

	股份有限公司	法人一人股份有限公司
	選任、解任清算人（§322、§323） 清算人報酬（§325） 公司清算簿冊之承認（§331） ＊特別決議事項 轉投資超過實收資本額40%（§13-1） 申請停止公開發行（§156-3） 章程變更損害特別股股東權利（§159-1） 公司重大營運行為（§185-1） 選任董事、監察人（§198-1、§227） 解任董事、監察人（§199、§227） 許可董事競業禁止（§209-1） 盈餘撥充資本、公積撥充資本（§240、§241） 發行限制員工權利新股（§267-8） 變更章程（§277） 公司解散、合併、分割（§316） 私募轉換公司債、附認股權公司債之決議（§356-11②） 公司閉鎖性之變更（§356-13、§356-14）	
董事會	普通決議 會計師委任、解任、報酬權（§20-3） 經理人委任、解任、報酬權（§29-1） 許可經理人競業禁止（§32） 申請辦理公開發行（§156-3） 出資抵充之數額（§156-7） 召集股東會（§171） 一般公司業務之執行（§202） 提出分割計畫、合併契約（§317） 閉鎖性公司盈餘分派、虧損撥補（§356-10②） 特別決議 股份交換（§156-8） 員工庫藏股（§167-1） 員工認股權（§167-2） 公司重大營運行為（§185-5） 董事長、副董事長、常務董事之選任（§208-1、§208-2） 盈餘撥充資本、公積撥充資本授權董事會（§240-6、§241-2） 募集公司債（§246） 發行新股（§266）	得依章程規定不設董事會，置董事一人或二人；置董事一人者，以其為董事長，董事會之職權由該董事行使，不適用本法有關董事會之規定；置董事二人者，準用本法有關董事會之規定（§128-1②）。

	股份有限公司	法人一人股份有限公司
	聲請重整（§282） 公司簡易合併（§316-2①） 閉鎖性公司私募公司債、轉換公司債、附認股權 公司債（§356-11①、§356-11②） 閉鎖性公司發行新股（§356-12）	
監察人 職權	**一般監察權** 募股設立時之調查及報告（§146-1） 調查公司業務及財務狀況（§218） 列席董事會陳述意見（§218-2①） 通知董事會停止違法行為（§218-2②） 核對會計表冊並提出報告（§219） 公司發行新股時查核財產出資（§274-1、§274-2、§272、§273-1） 審查清算人就任時造具之會計表冊（§326） 審查清算完結時所造具之會計表冊（§331） **其他職權** 代表公司與董事訴訟（§213） 代表公司委託律師、會計師（§218、§219） 代表公司與董事交易（§223） 應少數股東要求為公司對董事提起訴訟（§214） 召集董東會（§220、§245） 報酬請求權（§227、§196）	得依章程規定不置監察人；未置監察人者，不適用本法有關監察人之規定（§128-1③）。

二、法人設立之一人股份有限公司股東會之配置及職權

我國公司法128-1條明文規定，法人一人股份有限公司之股東會職權由董事會行，依民國90年行政院修正案說明：「……二、股東會是由股東二人以上決定公司意思之機關，政府或法人（含外國公司）股東一人股份有限公司，自無成立股東會之可能，則公司業務之執行及職權行使，仍可透過董事會決議及監察人運作之，爰於第一項明定其股東會職權改由董事會行使，併排除有關股東會之規定。三、第二項明定政府或法人股東一人股份有限公司之董事、監察人，由該政府或法人股東指派。」故民國90

年行政院公司法修正案[9]認為一人股東不能成會，而股東會決議事項得由董事會行使。然此規定是否全然妥當，不無檢討之餘地[10]，試分析問題如下：

(一) 一人股東能否成會

在股份有限公司中，如二人、三人、甚至百人股東之公司中，倘若股東會開會時，僅有一名股東出席，但其代表了已發行股份總數之三分之二，公司是否如期開會？答案應為肯定，則為何一人股東不能成會，實有檢討之必要。

(二) 應由股東會決議事項例

1. 普通決議例

(1) 董事會造具之表冊承認

股東會主要功能之一在於承認董事會所造具之各項表冊，並解除其責任。若由董事會代行股東會之職權，再由其承認自己造具之表冊，意義何在？恐與公司治理之基本原則有違[11]。

(2) 董事、監察人之報酬

股份有限公司與董事間之關係，除公司法另有規定外，依民法關於委任之規定。而董事之報酬，未經章程訂明者，應由股東會議定。分別為公司法第192條第4項、第196條定有明文[12]。若依公司法第128-1條規定原屬股東會決議權限之董事、監察人酬勞可由董事會代為決議，董事會是否可能以自我利益為考量？難免令人質疑。而若原章程規定者，董事會亦可透過原屬股東會特別決議之變更章程等程序調整，後續可能產生的問題及糾

---

[9] 立法院議案關係文書院總第六一八政府提案第7553、7942-1、8096號，2001年10月20日印發，頁70。

[10] 劉連煜，一人公司，臺灣本土法學雜誌，第48期，2003年7月，頁127。

[11] 曾宛如，股東與股東會——公司法未來修正方向之芻議，月旦法學雜誌，第95期，2003年4月，頁121。

[12] 最高法院民事判決94年度台上字第2350號。

紛實不容小覷。

2. 特別決議例

(1) 董事、監察人選任及解任

第128-1條第4項規定法人一人股份有限公司之董事及監察人由政府或法人股東指派，故選任董事及監察人應屬法人股東之權限，然指派是否包含改派？又指派是否包含解任？擬先釐清。查經濟部函釋曰：「按董事為自己或他人與公司為買賣、借貸或其他法律行為時，由監察人為公司之代表，公司法第223條定有明文，另查同法第128-1條規定，公司之董事、監察人，由政府或法人股東指派，亦即得改派之，併為敘明。[13]」認為法人股東可隨時改派董事，本文亦認為公司法128-1條指派一詞，應包含改派意思。

而關於董事、監察人之解任，經濟部函釋曰：「……非公開發行股票公司因股份轉讓而成為法人一人股東公司，得依第128-1條第2項規定，指派董事及監察人，並於新任董事長就任後15日內，向主管機關申請辦理變更登記。另被解任之董事或監察人，如符合第199條之規定，得向公司請求損害賠償。[14]」亦認同法人股東得逕自解任董事及監察人，故指派一詞，應包含解任之意。

然現行公司法128-1條將股東會之職權交由董事會行使，原本由股東會選任董事及監察人之權利，現可交由董事會行使，但同條第4項又規定由法人股東指派董事、監察人，法條適用出現矛盾。本文認為選任、解任董事及監察人等原本就屬股東會權限，實不宜由董事會行使，此應為法條修正優先考量。次之，現公司法第128-1條第4項僅規定法人股東一人股份有限公司由法人股東指派董事、監察人，因指派一詞定義較不明確，建議本條應明確規定董事及監察人由法人股東選任及解任，較為適宜。

(2) 變更章程

章程乃規定公司組織及活動之根本規則，可謂居於憲法之地位，舉凡

---

[13] 經濟部93年06月08日經商字第09302094400號函。

[14] 經濟部91年10月25日經商字第09102240990號函。

公司之基本權益關係與組織架構，皆須透過章程加以釐清，藉此對於公司員工、股東、債權人甚至社會大眾產生規制之作用[15]，也因此章程對一公司營運來說是為相當重要的遵循方針，原章程之變更需經股東會同意（公司法第277條），但法人設立之一人股份有限公司卻得由董事會代為執行股東會職權，換言之，董事會決議即可變更章程，對於董事酬勞、公司得否為保證人等重大事項可逕為變更，茲事體大不得不慎。

(三) 小結

在所有權及經營權分離的原則下，我國公司法對於股份有限公司之機關設置，將最高決策機關－股東會及執行業務機關－董事會分離，董事會僅為執行股東會決策之業務執行機關，又董事會執行業務應依照法令、章程及股東會決議（公司法第193條第1項）。現將股東會權限交由董事會行使，董事會得逕行變更章程，且董事會之意思不必然為股東會之意思，亦可能違背股東會意思擅自決定業務執行方向，有架空所有權之疑慮，嚴重違背公司治理原則。故應由股東會進行之決策事項（包含普通決意及特別決議），建議回歸股東會之職權。另關於董事、監察人之解任，倘交由董事會行使，試想董事會在何情況下會解任自己成員？實應回歸股東會之職權。且若經濟部已認定董事及監察人之選任、解任屬法人股東之職權，則建議應於法條上條明文規定，避免法條適用矛盾。本文所列舉問題，僅為冰山一角，股東會職權得由董事會行使之規定，仍有諸多尚待解決之問題，故本文建議股東會權責不應交由董事會行使，仍應由股東會自行決議，若考量效率問題，股東會應可依公司法其他規定，例如以書面表決方式替代。

---

[15] 王文宇，前揭註5，頁108。

參、法人一人股份有限公司之董事會及董事配置態樣

一、股份有限公司董事會之配置及職權

公司發起人認足第一次應發行之股份時，應即按股繳足股款並選任董事及監察人（公司法第131條第1項），即公司成立之初即需按規定選任董事，且公司董事會，設置董事不得少於三人（公司法第192條第1項）。但民國107年公司法修正後，公司得依章程規定不設董事會，置董事一人或二人（公司法第192條第2項）。董事會原是由全體董事所組成，以執行公司業務為任務的合意制法定必要機關。依我國公司法規定董事會的決議事項有：經理人選任（公司法第29條第1項）、經理人競業同意權（公司法第32條但書）、公司債發行（公司法第316條）、新股發行（公司法第266條第2項）、簡易合併（公司法第316-2條）等法定職權；而關於公司之業務執行權，除公司法（如第185、192、196條）或章程規定應由股東會決議事項外，原則屬於董事會機關職權，故由董事會決議行之[16]，試將董事會職權彙整如表6-1。

二、法人設立之一人股份有限公司董事會之配置及職權

我國公司法於民國107年修正時增訂第128條第2項：「法人設立之一人股份有限公司得依章程規定不設董事會，置董事一人或二人；置董事一人者，以其為董事長，董事會之職權由該董事行使，不適用本法有關董事會之規定；置董事二人者，準用本法有關董事會之規定。」增訂理由為：「為回應企業實務需求，開放政府或法人股東一人所組織之股份有限公司得不設董事會，而僅置董事一人或二人，惟應於章程中明定。其適用情形

---

[16] 黃清溪，公司法基礎理論——董事會篇，五南，2016年1月，頁23；現行公司法下股份有限公司之董事會職權整理如本文表6-1「一般股份有限公司及法人設立之一人股份有限公司之機關職權」。

如下：（一）依第一百九十二條第一項規定，公司仍以設董事會並置董事三人以上為原則。惟允許政府或法人股東一人所組織之股份有限公司得不設董事會，而僅置董事一人或二人；（二）如僅置董事一人，以其為董事長，除適用本法有關董事長之規定外，本法處罰公司負責人或代表公司之董事等規定，亦適用之。另因公司已無董事會，爰董事會之職權由該董事行使之，不適用本法有關董事會之規定，例如經理人之選任，即可由該董事決定之，而無須召開董事會；（三）如僅置董事二人，準用本法有關董事會之規定，故關於召開董事會等規定， 或由董事會選任董事長等規定均準用之；又此時經選任之董事長，即為本法所稱之董事長，適用本法關於董事長之規定，自屬當然。[17]」然此配置方式是否妥當，以下就三種態樣分別討論：

（一）設立董事會，並設置董事3人以上

我國公司法第192條第1項規定公司法採董事會制度，規定董事人數不得少於3人，因董事會是會議體，構成人數最低必須3人[18]。故設立董事會且設置董事3人以上，尚無疑義。

（二）設置董事2人，並準用董事會規定

若董事會既為會議體，且為便利董事會決議其人數似以單數為宜[19]。現行法規定得設置董事2人本質上已不符合會議體要件，再者，設置董事2人，並準用董事會規定，究竟是指董事職權規定或是董事會職權行使規定的準用？令人困惑。又特別決議和普通決議之決議要件不同，故在設置董事2人情況下，貿然準用董事會之決議要件將會出現執行困難，舉例來說在設置董事2人情況下，要選任董事長並準用董事會選任董事長之執行

---

[17] 106年12月22日公司法部分條文修正草案條文對照表，經濟部商業司網站：https://gcis.nat.gov.tw/mainNew/subclassNAction.do?method=getFile&pk=851，最後瀏覽日期：2018年12月18日。

[18] 黃清溪，前揭註16，頁13。

[19] 王文宇，前揭註5，頁399。

規定，依我國公司法第208條第3項股份有限公司應選任董事長，董事長對內為股東會、董事會及常務董事會主席，對外代表公司，屬於重要代表機關。

依同條第1項規定董事會未設常務董事者，應由三分之二以上董事之出席，及出席董事過半數之同意，互選一人為董事長。現董事會僅有兩名成員，若雙方對於誰應選任為董事長意見分歧，藉故不出席董事會又或雙方皆有意願擔任或不擔任董事長，過半同意之要件將難以成立，此時該如何選任董事長？至於董事長的解任亦可能同樣出現前揭難題[20]。

另一個思考點為公司之代表董事是否只能為董事長一人？理論上代表董事也可以設置數人，單獨代表或共同代表均可行；惟我國公司法將代表機關法定為董事長，自然成為單一人制。大規模公司只有一人代表公司，難以應付是當然事實，我國公司法將代表機關法定為董事長[21]，恐將食其惡果。現行公司法同意二人董事準用董事會規定，又要從二人中選出一人為董事長，但選任之決議程序卻未有相對應之修正，若法人設立之一人股份有限公司之董事採此配置，料將出現難以執行或紛爭百出之窘境，故本文建議股份有限公司應盡可能不採用此配置為宜。

---

[20] 經濟部94年8月2日經商字第09402105990號函：「公司法第208條第1項、第2項規定，董事長之選任，係屬董事會或常務董事會之職權，雖其解任方式，公司法並無明文，若非章程另有規定，自仍以由原選任之董事會或常務董事會決議為之，較為合理。況依同法第202條規定：『公司業務之執行，除本法或章程規定應由股東會決議之事項外，均應由董事會決議行之。』是以，除公司法或章程中已明文列舉由股東會決議之事項外，其未列舉之事項，應屬董事會之職權。至於董事會或常務董事會決議解任之出席人數及決議方法，可參照同法第208條第1項、第2項規定選任董事長之出席人數及決議方法行之。另董事長得因股東會依公司法第199條決議解任其董事職務而當然去職」；公司法208條第1項：「董事會未設常務董事者，應由三分之二以上董事之出席，及出席董事過半數之同意，互選一人為董事長，並得依章程規定，以同一方式互選一人為副董事長。」第2項：「董事會設有常務董事者，其常務董事依前項選舉方式互選之，名額至少三人，最多不得超過董事人數三分之一。董事長或副董事長由常務董事依前項選舉方式互選之。」

[21] 黃清溪，前揭註16，頁54。

(三)不設董事會，僅設置一人董事

本次修正公司法於第128-1新增第2項規定：「得依章程規定……置董事一人者，以其為董事長，董事會之職權由該董事行使，不適用本法有關董事會。」一人董事當然無法成會，故不適用董事會實屬合理，但由一人董事為董事長並將董事會職權交由其一人行使，又法人設立之一人股份有限公司將股東會之職權交由董事會行使，等同於該一人董事（即董事長）即可完全操控公司，後果殊難想像。

三、小結

原本修法美意為回應企業實務需求，實是法人股東希望盡可能降低委任董事人數，並簡化程序，但修法任由公司章程可設立二人董事並準用董事會之規定，卻無配套調整相關規定，又任由公司章程規定可設立一人董事為董事長除得行使董事會職權，更進而可執行股東會職權，所有權及經營權分離原則蕩然無存，實有調整之必要。

肆、法人一人股份有限公司監察人配置

一、股份有限公司監察人之配置及職權

公司發起人認足第一次應發行之股份時，應即按股繳足股款並選任董事及監察人（公司法第131條第1項），及公司成立之初即需按規定選任監察人。股東會雖係公司之最高意思決定機關且具有各種職權，就董事會之執行業務得加以監督，惟股東會人數眾多召集不易甚且不經常集會，勢必無法隨時就公司之業務及財務加以監督，故設立監察人此一常設之機關就公司之業務及財務隨時進行監督以補股東會之不足[22]。依我國公司法規定監察人之職權包含監察權之行使（公司法第218條）、查核公司會計表冊

---

[22] 王文宇，前揭註5，頁458。

（公司法第219條），並有公司之代表權如代表公司與董事訴訟（公司法第213條）、代表公司與董事為法律行為（公司法第223條）、股東會之召集權（公司法第220條）等[23]，試將監察人職權彙整如表6-1。

二、法人設立之一人股份有限公司監察人配置及職權

法人設立之一人股份有限公司之監察人權責原則同股份有限公司，但依我國現行公司法第128-1條規定，得依章程規定不置監察人，依行政院公告之理由為：「……考量政府或法人股東一人所組織之股份有限公司，因該一人股東對董事人選有完全之決定權，又無應予保障之其他股東存在，故明定允許得以其章程規定不置監察人。……」[24]狹義的認為僅有一人股東存在，無需保障其他股東，得不設立監察人，又認為一人股東對董事人選有完全之決定權，但忽略一人股份有限公司並不若一人有限公司之董事必然為股東[25]，董事與公司間僅可能為單純委任關係，又股東會為公司之意思決定機關，故董事會、一人董事之決策是否必然為所有權人股東會之意思，此時若又無監察人等監督機關，背離股份有限公司經營、所有權分離之橫列二元制機關初衷，又其他監察人重要權限（如代表與董事交易）亦未考慮，故本次修法將依公司得設置監察人交由公司章程自治規定項目，實有不妥。

按股份有限公司係由股東組成，在企業自治原則下，原應由股東所組成之股東會監督董事會之執行業務最為適宜，但因股東會非經常活動機構，無法進行常態監督，故有監察機關之設置，以補充股東會監督之不足[26]，因此，監察機關在公司內部監督上係居於補充性之地位，監察人等

---

[23] 現行公司法下股份有限公司之監察人職權整理如本文表6-1「一般股份有限公司及法人設立之一人股份有限公司之機關職權」。

[24] 106年12月22日公司法部分條文修正草案條文對照表，經濟部商業司網站：https://gcis.nat.gov.tw/mainNew/subclassNAction.do?method=getFile&pk=851，最後瀏覽日期：2018年12月18日。

[25] 現行公司法第108條第1項規定：「公司應至少置董事一人執行業務並代表公司，最多置董事三人，應經股東表決權三分之二以上之同意，就有行為能力之股東中選任之。」

[26] 柯芳枝，公司法論（上），5版，三民，2004年3月，頁326。

監察機關無論是在法人一人或在二人以上股東之股份有限公司均有設置之必要，若現得不設置監察人，亦無規定其他必要監督機關，此種無監察人之法人一人公司，在法理上應非屬股份有限公司之類型。

三、小結

　　監察人的存在是為監督董事會之業務執行狀況，並在必要情況下代表股東行使職權或代表公司與董事進行交易（公司法第223條），是公司治理不可或缺的重要機關。有學者曾提出建言，為強化監查機制，可引進外部監察人制度[27]，但本次修法不但未採取任何改善措施，更進一步放寬得依章程不設監察人，實有不妥。而本文認為，就算不引進外部監察人制度，也至少應明定監察人之選任及解任應為法人股東之職權，不應放任由董事會決議，更不該貿然在未有任何配套措施之下，任由章程規定得不設置監察人。

伍、建議及結論

　　為促進經濟繁榮並簡化程序，在世界潮流的驅使下，我國公司法規定同意准許設立法人一人股份有限公司，但細探現行一人股份有限公司法規規定，可以推得以下幾個問題：

一、董事權限擴大，恐有濫權問題

　　現行公司法規定股東會之職權由董事會行使，故原屬監督董事會業務執行的監察人及對董事的解任之權，均得由董事會行使，可能導致監察人監督機制失靈，有濫權之疑。嚴重者可能掏空公司，而股東僅能事後求償，嚴重侵害所有權。建議應由股東會決議事項，仍應回歸由股東會決議

---

[27] 戴銘昇，論一人公司法制對公司執行機關之衝擊，證券暨期貨管理，20卷6期，2002年，頁13。

（包含解任監察人等），董事會單純回歸業務執行機關角色。

二、董事會組成應爲單數

董事會既為一會議體，至少應有三人以上才能決議，現行法規定二人董事亦準用董事會規定，但法規並未相對應調整，恐有決議難以進行之窘境（如董事長之選任、董事會決議等）。如認同二人董事之存在，建議應有其他相對法規規定。

三、若不設置監察人，恐有監督機制失靈問題

公司若依章程規定不設置監察人，董事會執行業務將無任何監督機關，當董事或董事會執行業務有侵害股東權益可能時，事前將無監督機制，董事會或董事（一人董事情況）恐球員兼裁判，任何決策將可能以自身利益最大考量為優先，應慎加注意。建議公司應維持監察人等監督機關的存在，並將監察人之解選任交還由公司所有權人股東會決議，另法規上亦可考慮是否引入外部監察機制，除保障股東權益外，更有保護市場交易安全，維護與公司交易之第三人權益之功能。

綜上，本文建議法人一人股份有限公司可參考上述問題後再設計合適的董監配置，並建議現行法規應再制定更周全的規定。此外，法人設立之一人股份有限公司多為子公司之存在，若不審慎設計董監配置，任由董事會或董事一人決策公司所有權決議事項及業務執行事項，亦未有良好的事前監督或外部監察機制，嚴重者可能侵害母公司股東權益，不得不慎。

7

論無票面金額股與資本原則之關連

吳和銘

壹、前言

　　我國公司法於2018年8月1日修正公布，同年11月1日施行之第156條規定：「股份有限公司之資本，應分為股份，擇一採行票面金額股或無票面金額股（第1項）。公司採行票面金額股者，每股金額應歸一律；採行無票面金額股者，其所得之股款應全數撥充資本（第2項）。」導入無票面金額股制度。

　　其立法理由謂：「……二、本法一百零七年七月一日修正時引進國外無票面金額股制度，允許閉鎖性股份有限公司得發行無票面金額股。現擴大適用範圍讓所有股份有限公司均得發行無票面金額股。爰修正第一項，明定公司應選擇票面金額股或無票面金額股中一種制度發行之，惟不允許公司發行之股票有票面金額股與無票面金額股併存之情形。三、現行第一項『每股金額應歸一律』，屬票面金額股之規定，移列第二項，同時於該項規範採行無票面金額股者，其所得之股款應全數撥充資本。……」

　　又同時增訂第156-1條規定：「公司得經有代表已發行股份總數三分之二以上股東出席之股東會，以出席股東表決權過半數之同意，將已發行之票面金額股全數轉換為無票面金額股；其於轉換前依第二百四十一條第一項第一款提列之資本公積，應全數轉為資本（第1項）。前項出席股東股份總數及表決權數，章程有較高之規定者，從其規定（第2項）。公司印製股票者，依第一項規定將已發行之票面金額股全數轉換為無票面金額股時，已發行之票面金額股之每股金額，自轉換基準日起，視為無記載（第3項）。前項情形，公司應通知各股東於轉換基準日起六個月內換取股票（第4項）。前四項規定，於公開發行股票之公司，不適用之（第5

項）。公司採行無票面金額股者，不得轉換為票面金額股（第6項）。」

其立法理由謂：「一、本條新增。二、公司經股東會特別決議，得將已發行之票面金額股全數轉換為無票面金額股，轉換前提列之資本公積，應全數轉為資本，爰增訂第一項。三、公司從票面金額股轉換為無票面金額股，其出席股東股份總數及表決權數，章程有較高之規定者，從其規定，爰增訂第二項。四、公司印製股票者，公司將票面金額股全數轉換為無票面金額股時，已印製之票面金額股股票上之每股金額，自股東會決議轉換之基準日起，視為無記載，爰增訂第三項。五、票面金額股全數轉換為無票面金額股者，公司應通知各股東換取股票，爰增訂第四項。六、鑒於公開發行股票之公司涉及眾多投資人權益，原則上仍續維持現行票面金額股制度，不得轉換為無票面金額股，爰增訂第五項，明定第一項至第四項之規定，於公開發行股票之公司，不適用之。至於非公開發行股票之公司未來申請首次辦理公開發行或申請上市、上櫃掛牌時，其原為票面金額股者，於公開發行後，即不得轉換，以免造成投資人交易習慣及資訊之混淆，併予敘明。七、鑒於國外少見票面金額股與無票面金額股可自由互轉之立法例，且自由互轉將造成投資人交易習慣及資訊之混淆，爰本次修法採僅允許票面金額股轉成無票面金額股之單向轉換立法，亦即採無票面金額股者，不得轉換為票面金額股，爰增訂第六項。」此外，經濟部公布之「公司法部分修正草案總說明」亦強調「打造友善創新創業環境」[1]。依上，新法第156-1條規範票面金額股得經股東會決議轉換為無票面金額股，並限制僅得由票面金額股轉換為無票面金額股，禁止由無票面金額股轉換為票面金額股。此外，並禁止公開發行公司將原票面金額股轉換為無票面金額股。

依照上述新法的內容，其中新法第156條第2項後段規定「採行無票面金額股者，其所得之股款應全數撥充資本。」及第156-1條第1項後段規定「其於轉換前依第二百四十一條第一項第一款提列之資本公積，應全數

---

[1] https://gcis.nat.gov.tw/mainNew/matterAction.do?method=browserFile&fileNo=1061222_pdf_1，最後瀏覽日期：2019年1月25日。

轉為資本。」可窺探出立法者仍堅持資本原則。而公司發行股份向外界募資，認購股份者則成為公司之股東，享有有限責任之利益，緩和己身的投資風險；相對地，股東所繳納的股款即應成為公司之資本，大陸法系傳統將公司資本視為保護公司債權人之機制。然而，現今學界對於資本原則可否作為保護債權人的有效制度，頗多檢討，甚至有揚棄資本原則的見解。我國公司法以股份所建築的資本原則，除傳統見解所稱「作為配套有限責任之保護債權人機制」外，在法理上是否有更本質性的存在理由？此一根本性的思考，因無票面金額股與公司資本制度息息相關，是以本文擬先討論我國資本原則是否有本質上存在的理由，並一併論述本文對公司法第9、241條規定的看法。再者，新法第156-1條禁止公開發行公司由票面金額轉換為無票面金額股，並禁止由無票面金額股轉換為票面金額股，是否具有合理性？另無票面金額股在公司減資下應如何操作？本文也一併加以檢討。

貳、資本原則仍應保留之理由

一、資本原則建立於擔保股東履行其有限責任之對價

我國以往採取面額股制，也就是有票面金額，依修正前公司法第129條第3款規定「章程應記載每股金額」[2]及第156條第1項前段規定「股份有限公司之資本，應分為股份，每股金額應歸一律」[3]，因而導出實收資本

---

[2] 新法第129條第3款規定：「採行票面金額者，股份總數及每股金額；採行無票面金額者，股份總數。」增訂後段無票面金額股之規定。

[3] 由公司法第156條第1項的文義可知我國並沒有規定每股金額的下限，準此，我國公司似可發行低面額股。然而，證券交易法第27條第1項前段規定：「主管機關對於公開發行之股票，得規定其每股之最低或最高金額。」授權主管機關得規定每股之最低或最高金額，而非委由公司自行決定票面金額。因此，2002年的公開發行股票公司股務處理準則第14條遞規定：「股票每股金額均為新臺幣十元。」造成公開發行公司於市價低於面額10元時，若發行低面額股，即違反公司法第140條「禁止折價發行」的規定，也因此，公司法第140條於2001年增訂但書「但公開發行股票之公司，

概念，以票面金額乘以發行股份數，作為公司的實收資本。一般認為其制度目的是以該實收資本作為保護債權人的最後擔保。其理由是：在股份有限公司中股東負有限責任，以控制其投資風險。相對地，為平衡公司債權人的利益，當公司破產時，股東對公司淪為次位債權人，僅享有剩餘財產分配請求權，公司的資產應先清償債權人的債權。而公司之資產為若干，傳統設計方式是以上述方式呈現形式資本，使債權人與公司交易前可以評估日後無法受清償風險。這是大陸法系傳統上認為要堅守資本原則的理由──保護債權人[4]，惟此論點是著眼於該制度的功能，未進一步探究其本質。

其次，目前學者對於傳統資本原則的批評如：公司發行股份得以高於票面金額的價錢發行，法並無明文禁止。現行有效的公司法第140條第1項前段規定「採行票面金額股之公司，其股票之發行價格，不得低於票面金額。」該條文即明示發行價格得與票面金額不同。至於「禁止折價發行」，制度本旨在於避免公司的資本有灌水之嫌，因為公司的法定資本是以票面金額乘以發行股份數所構成，因此若發行金額低於票面金額，將使進入公司的實際股款小於法定資本，在會計帳面上形成資本灌水的現象[5]。又通常票面金額記載新臺幣（下同）10元，但有可能公司前景不錯，發行價格為3,000元，若公司發行10,000股，實際上進入公司的資金為3,000萬元，而實收資本依票面金額乘以發行股份數為10萬元，則在傳統

證券管理機關另有規定者，不在此限。」詳細說明，參閱曾宛如，低面額股與無面額股對臺灣公司資本制度之衝擊與影響，月旦法學雜誌，第236期，2015年1月，頁35-36。又上開公開發行股票公司股務處理準則第14條於2014年修正為「公司發行之股份，每股金額應歸一律。」取消每股面額10元的規定，準此，我國公司得發行低面額股且不違反禁止折價發行之規定。

[4] 相關討論文獻，王志誠，公司法：第七講──資本三原則之理論與實踐，月旦法學教室，2005年7月，頁89-98；施建州，論資本維持原則之原理，逢甲人文社會學報，第4期，2002年5月，頁319-337；曾宛如，公司法最低資本額之變革──論有限公司與股份有限公司最低實收資本額規定之廢除，月旦法學雜誌，第171期，2009年8月，頁131-137；陳彥良，資本原則之再思考──兼論德國最低資本額之調整，中正財經法學，第11期，2015年7月，頁1-51。

[5] 王文宇，公司法論，2018年，頁331。

資本三原則下，債權人信賴的資本僅有10萬元，而非3,000萬元，意味著實收資本制因票面金額制度弱化了保護債權人的功能。有論者認為「債權人所在乎者實際上是公司之資產狀態及償債能力，而非資本額。公司初始所具備之最低資本額經過長期營運之改變，與後期債權人所面臨之公司狀況已截然不同；換言之，設立初始之資本額，根本無法為數年之公司債權人提供任何有意義之擔保。」[6]亦即，論者以實收資本制度根本無法保障債權人為由否認資本原則。

查我國資本三原則繼受於日本商法，因此間接繼受1882年德國商法、1892年德國有限公司法及1937年德國股份法[7]。又我國資本三原則之內涵分別為資本確定原則、資本維持原則及資本不變原則[8]，而德國法上則重視資本真實繳納原則與資本維持原則，前者指股東須按其在公司設立時所認的股份真實地向公司繳納股款；後者是指股東出資所形成的公司資本不得返還股東。德國學界認為上述資本二原則是資合公司的核心原則，並被視為公司的財務憲章[9]。再者，德國學界迄今堅持資本真實繳納原則與資本維持原則（主要避免股款變相返還股東），其理由在於股東繳納股款是股東取得有限責任的對價，具有根本的重要性，債權人保障僅是法條的目的之一[10]。

按一般人類處理事務的規則，就其行為本應負無限責任，在民事責任上尤是如此。股東出資從事投資，享受有限責任的特權，並藉此控制自己的投資風險，是資本主義社會為促進經濟發展所採取的特別政策，屬於人類處事規則的特例，也因此，股東在享受有限責任之際，同時也應該付出相當的對價，亦即股東應真實地履行其出資義務，公司亦不得事後將股款

6　曾宛如，前揭註4，頁136。

7　陳彥良，前揭註4，頁3。

8　柯芳枝，公司法論（上），2012年2月，頁125。

9　陳彥良，前揭註4，頁13-14。

10　陳彥良，前揭註4，頁14、21、42-43。將「有限責任之對價」視為資本原則的功能，而非視為本質者，參黃銘傑，公司資本再生的救世主——從閉鎖性股份有限公司引進無票面金額股制度談起，月旦法學雜誌，第247期，2015年12月，頁69。

退還股東。準此，本文認為資本原則在本質上是強調股東應履行其有限責任的對價，至於債權人保護僅是附隨效果。是以，德國法迄今不放棄資本原則，並強調資本原則為資合公司的核心原則，是找出資本原則存在的基礎，屬於本質論，而非功能論，本文亦贊同德國法的見解。至於論者認為債權人保護不應依靠資本原則，還需有「以契約手段為債權保全」、「聲請破產及重整之義務與權利」、「強制保險」、「自主性債權人次位受償」、「追究經營者責任」、「法人格否認」等配套[11]，未探究資本原則存在的本質為何，而認為應揚棄資本原則，有再三斟酌之必要。誠然，本文亦贊同資本原則保障債權人之效能不彰，惟資本原則是建立擔保股東履行其有限責任之對價上，此種本質上的重要性，本文認為尚不得揚棄。

因此，無論是票面金額股或無票面金額股，前者是依據票面金額乘以股份數計算公司實收資本，後者依新法第156條第2項後段規定全數股款撥充股本，論者認為新法股款全數撥充係落實資本原則[12]。當然，論者多所質疑資本原則能否實現保障債權人之功能，已如前述，本文亦認為股東出資是公司經營的資金來源，債權人不能期待公司不動用股東出資經營事業，甚至於公司破產時，發行股份所引入的資本完封不動，所以實收資本僅是一個帳面數字，特此作為債權人評估公司債信風險未免高估。因此本文認為無論是以票面金額計算實收資本，或採無票面金額將所收股款全數撥充資本，以本質論觀點，基本上都是符合股東須確實出資以履行其有限責任之對價之觀點，論者將票面金額股或無票面金額股與公司資本之關係討論聚焦於債權人保護，未探究資本原則存在本質性的問題，執著於能否保障債權人來討論資本原則之存廢，甚為可惜。

---

[11] 方嘉麟，論資本原則理論體系之內在矛盾，政大法學評論，第59期，1988年6月，頁155-226。另有認為公司機關簡化至少應保留「會計監察」機制，以保護公司外部債權人。詳細說明，參閱吳姮，論日本中小規模非公開公司之監察制度，清溪公司法研究會論文集I——黃清溪教授八秩大壽祝壽論文集，頁383-395。

[12] 曾宛如，低面額股與無面額股對臺灣公司資本制度之衝擊與影響，月旦法學雜誌，第236期，2015年1月，頁45-46。

二、以資本原則本質觀點檢視公司法第9、241條

　　在採行票面金額股下，當發行價格高於票面金額時，則發生溢價，依會計處理原則，應列入資本公積[13]。依會計的觀點，因股東是以發行價格認股，因此資本公積縱係由發行溢價構成，本質仍屬於股東之出資[14]。又依公司法第241條第1項第1款規定：「公司無虧損者，得依前條第一項至第三項所定股東會決議之方法，將法定盈餘公積及下列資本公積之全部或一部，按股東原有股份之比例發給新股或現金：一、超過票面金額發行股票所得之溢額。」該超過票面金額的溢價得以現金發放給股東，有論者認為，實質意義上，形同將股東所繳納的股款退還給股東。在整體公司法體系上，與公司法第9條第1項規定「公司應收之股款，股東並未實際繳納，而以申請文件表明收足，或股東雖已繳納而於登記後將股款發還股東，或任由股東收回者，公司負責人各處……。」扞格，若在堅持資本維持原則下，將嚴重打擊該項原則[15]。

　　就此批評，首先，本文認為公司法第241條第1項第1款規定在公司法體系內具有正當性，除立法理由強調有利公司資金彈性利用外，是因為實收資本是以票面金額為計算基礎，如果傳統認為的資本三原則所稱的「資本」，是以票面金額建構的實收資本，那將發行溢價發放給股東，在邏輯推演上，並沒有去侵害資本維持原則。其次，如前所述，論者認為公司法第9條第1項強制股東繳足股款以及公司不得退還股款給股東，目的在維持有限責任的對價，其最終目的當然是指向債權人的保護[16]，但票面金額

---

[13] 依商業會計法第13條授權訂定之商業會計處理準則第28條：「資本公積，指公司因股本交易所產生之權益（第1項）。前項所列資本公積，應按其性質分別列示（第2項）。」

[14] 廖大穎、莊添睿，論使用公積與發行公司債設限之調整——解析行政院版2009年公司法第232、241及249條之修正草案，月旦法學雜誌，第218期，2010年6月，頁30。

[15] 相關批評，黃銘傑，公司資本再生的救世主——從閉鎖性股份有限公司引進無票面金額股制度談起，月旦法學雜誌，第247期，2015年12月，頁70；廖大穎、莊添睿，前揭註14，頁30。

[16] 多數見解認為公司法第9條立法目的僅在管制虛設行號，而非落實資本原則。詳細說明，參閱李美金，公司法第9條之研究，清溪公司法研究會論文集Ⅰ——黃清溪教授

的介入，並配合公司法第241條第1項第1款規定，仍將股款返還給股東。
如此將造成股東一方享有有限責任的好處，另一方面卻破壞債權人保護機
制。此外，在這個問題上，若採低面額股的制度，將會使資本公積更加膨
脹，公司透過公司法第241條第1項第1款的運用，將使公司實際收進來的
股款更加地減少，在我國既存債權人信賴票面金額建立的實收資本制下，
無疑衝擊債權人投資評估交易風險的方式。因此，我國若採低面額股制
度，公司法第241條即應一併檢討[17]。回歸現行新法，公司法第156條第2
項後段規定「採行無票面金額股者，其所得之股款應全數撥充資本」，因
為沒有了票面金額，就沒有了發行溢價的問題，沒有了發行溢價，就不會
產生資本公積，沒有資本公積，也不會適用公司法第241條第1項第1款規
定，不會發生公司退還股款給股東的問題，且同時擴充資本的數額，與傳
統資本三原則意旨契合。就此批評，本文認為癥結在於股東有限責任對價
範圍為何？究為股款全部或以票面金額所計算之實收資本？就此，本文認
為該對價為多少係政策問題，只要設立之初足以應付公司營運即為已足，
至於若干數額撥充資本公積，亦屬於政策問題，惟仍應堅守股東有限責任
對價之最低底線，即不可所有資本均撥充資本公積，否則將造成全部股款
退還股東，完全架空資本原則。例如立法例上，除新法第156條第2項後
段與香港公司法例第170條採全數撥充資本外[18]，日本於昭和25年（1950
年）引進無票面金額股，並規定設立後發行之無票面金額股，其發行價額
二分之一以上，應撥充資本，發行價額中未撥充資本之金額，不得任意處
分，應積存為資本公積[19]。可見股東投入之股款究竟若干應撥充資本，不
得積存為資本公積，尚屬立法政策，僅不得將全數撥充資本公積。準此，
論者認為公司法第241條第1項第1款規定開啟公司退還股款予股東之大

八秩大壽祝壽論文集，2019年1月，頁129-139；王志誠，前揭註4，頁92；邵慶平，
　股東出資與資本充實，月旦法學教室，第117期，2012年7月，頁24-26。

[17] 相關檢討，曾宛如，前揭註12，頁44。

[18] 曾宛如，前揭註12，頁40。

[19] 關於日本法無票面金額股之介紹，參閱邱秋芳，化解股價低於面額公司籌資之困
　境——面額股與無面額股，證交資料，第471期，2001年7月，頁16-19。

門，侵蝕資本原則，應先認識公司應就股東股款保留若干為資本，若干為資本公積，並確保股東有限責任之對價被落實。準此以言，原先所採取的票面金額股，仍守住此一界線；反而低票面金額股將造成資本公積過份膨脹，使公司藉由公司法第241條第1項第1款將大量股款退還股東，架空股東有限責任之對價，因此若欲採低票面金額股，應採配套立法，限制撥充資本公積之金額。

參、與無票面金額股相關之若干問題

一、禁止公開發行公司將票面金額股轉換為無票面金額股之合理性

當公司的股份市值低於票面金額時，公司若欲以發行新股方式籌措資金即遭受困難，因為投資人可以用更低的價格在流通市場取得公司舊股，基於人的經濟理性，應該沒有人願意以高於市價的票面金額去承購公司發行的新股。因此，修正前公司法第140條原規定「股票之發行價格，不得低於票面金額。」即禁止折價發行，但造成公司在股份市價低於票面金額時，無法藉由發行新股籌措資金，故而立法者在2001年對公司法第140條增訂但書為「股票之發行價格，不得低於票面金額。但公開發行股票之公司，證券管理機關另有規定者，不在此限。」開放公開發行公司得折價發行。不過在發行市場上，都是第一次發行，大小公司在市價低於票面金額時，均有折價發行的需求，為何立法者獨厚公開發行公司，似有違反平等原則。前述情形，依新法採納無票面金額則不成問題，當公司股價低迷之際，公司得發行無票面金額股，不被票面金額綁架，也沒有所謂的折價發行的問題，並得發行更低於市價的新股來籌資。

然而，新法第156-1條第4項規定禁止公開發行公司將票面金額股轉換為無票面金額股票，其立法理由主張：鑒於公開發行股票之公司涉及眾多投資人權益，原則上仍續維持現行票面金額股制度，不得轉換為無票面金

額股等語。惟若股東是憑藉股份對公司主張權利，甚至股票上之票面金額亦不影響股東所持有的股份於流通市場上之價值，因此票面金額的消失並不影響股東的權利，故立法理由以「公開發行股票之公司涉及眾多投資人權益」作為禁止轉換的理由，立論並不堅實。是以，本文認為不應禁止公開發行公司將票面金額股轉換為無票面金額股。

　　茲有附言者，新法採無票面金額股，會不會侵害股東的權益？第一，公司會不會刻意壓低發行金額發行新股，進而稀釋原股東之股權？這在章定資本未完全發行完畢及經營權鬥爭時有可能發生，但須注意章定資本股份數的上限及公司法第267條股東優先認購的權利，若已達上限，則藉由股東會決議修改章程，且發行新股原股東有優先承購權，是否得藉由發行新股取得控制權，不可一概而論。另外，股份過份膨脹，也會稀釋每股稅後盈餘，造成市場投資人不願認購，反而有反效果，此也是公司經營者採取發行新股方式取得控制權應一併考量的因素。第二，在新創事業，創業者空有創意，卻苦無資金，此時發行無票面金額股，例如一股0.001元，使該創業者可以藉此取得大量股份維持其自身經營權，第二次發行新股時，則提高發行價格，例如1股1萬元，使看中創業者才能的投資者成為股東提供資金，但不會壟斷創業者的控制權，因此，無票面金額股對於鼓勵微型創業是有幫助的。

　　無票面金額股在我國公司法上是否有缺點？立法說明認為無票面金額股有助於微型創業。但必須注意的是，有論者認為公司法第156條第2項規定全部股款提撥資本，而公司法第237條第1項規定：「公司於完納一切稅捐後，分派盈餘時，應先提出百分之十為法定盈餘公積。但法定盈餘公積，已達實收資本額時，不在此限。」依其但書造成資本額越高，必須提撥的法定盈餘公積越多，將可能使微型企業望之卻步，無法達到鼓勵創業的立法意旨[20]。本文認為這是立法之初未考慮周全所生的問題，關於此問題應該就公司法第237條第1項但書「但法定盈餘公積，已達實收資本額時，不在此限」修正為達實收資本額一定比例可不再提撥法定盈餘公積，

---

[20] 黃銘傑，前揭註15，頁75。

否則將使微型企業負擔過高的遵法成本，反而不利創業。

二、禁止無票面金額股轉換為票面金額股之合理性

新法第156-1條第6項規定禁止由無票面金額股轉換為票面金額股，其立法理由主張：「鑒於國外少見票面金額股與無票面金額股可自由互轉之立法例，且自由互轉將造成投資人交易習慣及資訊之混淆，爰本次修法採僅允許票面金額股轉成無票面金額股之單向轉換立法，亦即採無票面金額股者，不得轉換為票面金額股」等語。在日本法上，即允許由無票面金額股轉換為票面金額股，惟規定公司資本額不得低於原票面金額股之票面金額乘以已發行股份總數，避免公司先以低於票面金額之發行價格發行無票面金額股後，再轉換為票面金額股，以規避禁止折價發行之規定。例如原無票面金額股之發行價格為每股5元，轉換為票面金額時，其面額及應制定為5元，不可制定為10元，否則將使帳面上的實收資本與實收股款不一致，違反公司法第140條之規定。至於轉換方式當然係已發行股份總數全部轉換，如此統一轉換並無混淆投資人之虞，立法理由就此亦缺乏實質立論。

三、無票面金額股應如何實行減資

公司減資的類型有四，分別為：1.不變更章程之形式減資，指無償銷除已發行股份總數，規範基礎為公司法第168條第1項規定：「公司非依股東會決議減少資本，不得銷除其股份；減少資本，應依股東所持股份比例減少之。但本法或其他法律另有規定者，不在此限。」又公司法第168條規定在「股份」章節，可知並不涉及變更章程；2.變更章程之形式減資，指公司以無償方式，依公司法第279條規定修改章程，減少每股票面金額，或依公司法第277條修改章程規定之股份總數。又公司法第279條第1項規定：「因減少資本換發新股票時，公司應於減資登記後，定六個月以上之期限，通知各股東換取，並聲明逾期不換取者，喪失其股東之權利。」除該條規定於「變更章程」章節外，因票面金額為章程記載事項（公司法第129條第3款），故此種減資方法當然涉及變更章程；3.不變

更章程之實質減資，指以有償之方式銷除已發行之股份（公司法第168條第2項），或實施庫藏股並辦理股份銷除（證券交易法第28-2條第1項第3款）；4.變更章程之實質減資，指公司以有償方式，依公司法第279條修改公司章程減少每股票面金額，並發還股東每股減少之金額。形式減資與實質減資之區別在於，前者不發生公司資本返還股東，後者則有[21]。

公司之實收資本在票面金額股下是「票面金額乘以已發行股份總數」，在無票面金額股下是「發行價格乘以股份總數」。因此在不變更章程之形式減資與變更章程之形式減資方面，均是調整已發行股份總數。又不變更章程之實質減資，則涉及每股應退還多少股款之問題，由於減資會減少「已發行股份」此一項目，故該項目一經減少，公司資本必定連帶減少，至於每股價值，應由董事會衡量股份在流通市場之價值決定，再依公司法第168條第1項規定經股東會決議。另變更章程之實質減資，則係去修改章程規定之每股票面金額，因此與無票面金額股無關。

肆、結論

此次公司法修正，引進無票面金額股制度，在公開發行公司方面，解決了當公司股票流通價格低於票面金額時，公司無法透過發行新股方式籌措資金之窘境；在鼓勵微型創業方面，亦可透過無票面金額股使創業者取得公司控制權，再引入賞識創業者創意之天使投資人。可見無票面金額股制度確實有助於改善國內創業環境。

再者，論者一再詬病票面金額股所形成之實收資本與實際股款相差甚遠，甚至透過操作公司法第241條第1項第1款規定使股款不當返還股東，侵蝕資本原則。因此，論者對此次修法引入無票面金額股，並將所收股款全數股款撥充資本，認為有助於實現資本原則保護債權人之功能，給予無

---

[21] 關於減資之詳細說明，參照朱德芳，論公開發行公司之資本結構重組與公司治理——以形式減資與私募增資為核心，臺大法學論叢，37卷2期，2008年，頁90-108。

票面金額股正面的評價。另一方面論者也批評傳統大陸法系之資本原則無助於保護債權人。本文亦贊同資本原則並無法確實地保護債權人，但資本原則的本質是要求股東履行其有限責任之對價，本文認為此種本質具有根本上的重要性，不容揚棄。至於多少股款應作為實收資本，若干得積存為資本公積，本文認為是立法政策之問題。蓋重要的是股東是否確實履行其出資義務。惟若採低票面金額股，則須注意資本公積過於龐大而透過公司法第241條第1項第1款流出之問題，蓋若實收資本數額極端小，實質上造成將股款全數返還股東，已完全破壞資本原則之本質。在公開發行股票公司股務處理準則第14條於2014年修正為「公司發行之股份，每股金額應歸一律。」取消每股面額10元的規定下，公司是可以發行低票面金額股的，因此立法配套上應修改公司法第241條，對於資本公積之數額予以限制，避免架空資本原則之本質。

8

黃金股——特定事項否決權股之行使及問題

江佩珊

壹、特別股——黃金股之立法沿革

　　2018年公司法修正前，依據公司法第156條第1項及第157條第3、4款之文義解釋[1]，公司是否得在章程中訂定發行具有重大事項否決權及複數表決權股之特別股，在學說及實務上迭有爭議，經濟部仍以股東平等原則，強調股東之權利義務應平等而認為公司法不能解釋為享有複數表決權，因此可認為基於股東（份）平等原則，公司不得發行具有重大事件否決權之特別股[2]。針對此號函釋有學者指出，針對公司法第157條第4款文義，似乎得作為發行同條第3款以外之其他類型特別股之法律依據[3]；不過股東（份）平等原則是否堅不可摧仍有討論的空間，因此有學者從黃金股之歷史背景為觀察，認為政府對於具有公用或特殊性之公營事業轉民營化

---

[1] 修正前之公司法第156條第1項：「股份有限公司之資本，應分為股份，每股金額應歸一律，一部分得為特別股；其種類，由章程定之。」及修正前之公司法第157條第1項第3款及第4款：「三、特別股之股東行使表決權之順序、限制或無表決權。四、特別股權利、義務之其他事項。」

[2] 經濟部72年3月23日商11159號函：「查公司法第179條第1項規定『公司各股東，除有第157條第3款情形外，每股有一表決權。』參照同法第157條第3款規定『公司發行特別股時，應於章程中訂定特別股之股東行使表決權之順序、限制或無表決權。』條文中所稱『行使表決權之限制』固不能解釋為每股享有數表決權，『行使表決權之順序』亦僅在分別普通股股東與特別股股東，或二種以上特別股股東對同一事項決議之先後，而與表決權之多寡應無關連，故依現行法應不能容有每股享有數表決權之特別股發行。」2018年修正之公司法第157條第1項第4款允許「複數表決權特別股或對於特定事項具否決權特別股」，有權解釋機關勢將修改至廢止前揭函釋。

[3] 蔡英欣，股東表決權分配之規範模式，臺大法學論叢，38卷2期，2009年，頁74。

後，為了保有一定之影響力及維護公益之目的，特別發行特別股給目的事業主管機關，使其主管機關對公司營業有重大影響之政策變更具有否決權，但若就一般民間公司是否亦得藉此方式來維持對自身公司的一定影響力，仍有疑義[4、5]。

在2018年公司法修正中[6]，為提供非公開發行股票公司特別股之多樣化及允許企業充足之自治空間，參酌公司法第356-7條之規定，非公開發行公司得以如同閉鎖性股份有限公司，追求符合其企業特質之權利義務規劃及安排，於章程中設計符合其需求之特別股，故在公司法第157條第1項第4款至第7款關於特別股之規範中，於第4款明文賦予非公開發行公司得以發行「對於特定事項具否決權特別股」[7]。本款之增訂可謂允許非公開發行公司發行黃金特別股，同時第5款明文規定得以限制該特別股被選舉為董事、監察人之禁止或限制（僅投資，不得參與經營）、或當選一定名額董事（保有經營權）之權利，於第6款規範得以訂定特別股轉換普通股之轉換股數、方法或轉換公式，以及第7款規定得以訂定特別股轉讓之限制。此外，同條第3項[8]明訂同條第1項第4、5、7款之特別股，以及得轉換成複數普通股之特別股規定，不適用於公開發行股票之公司，其修法理由在於避免凌駕或否決多數股東之意思、避免濫用而衍生萬年董事或監察人之情、考量該公開發行公司之股東眾多，基於股東平等原則，不宜放寬限制，且若限制其自由轉讓，則與公開發行股票之公司係透過集中市場、店頭市場交易之情形，有所扞格[9]。

---

[4]　王文宇，公司法論，6版，元照，2018年，頁675。

[5]　劉連煜，現代公司法，增訂13版，新學林，2018年，頁321。

[6]　王文宇，前揭註4，頁675-676。

[7]　參酌107年8月1日公布之公司法第157第1項第4款至第7款：「四、複數表決權特別股或對於特定事項具否決權特別股。五、特別股股東被選舉為董事、監察人之禁止或限制，或當選一定名額董事之權利。六、特別股轉換成普通股之轉換股數、方法或轉換公式。七、特別股轉讓之限制。」

[8]　公司法第157條第3項：「下列特別股，於公開發行股票之公司，不適用之：一、第一項第四款、第五款及第七款之特別股。二、得轉換成複數普通股之特別股。」

[9]　排除公開發行股票公司之適用詳細理由，請參酌2018年新修正之公司法第157條第3

貳、歷史背景

　　黃金股（Golden Shares）[10]第一次被發行是在由保守派的柴契爾夫人主政下的英國，當時迫於失業率增加，為了增取選票，利用國營事業私有化以增加就業機率，後期則是因為政府負債問題，期盼增加國家稅收，但英國政府仍想在國營事業轉民營的電信公司中保有一定的掌控權[11]，以維護國家利益。隨著1980年代國營事業轉成民營化的的潮流，因同時涉及能源事業的私有化，多數歐盟國家為了國家經濟利益、政策上的國家安全問題，傾向對國營事業民營化後的事業仍保有決策權，並藉以影響公司營運方向。為了能夠擁有此種對於公司之影響力，「特別事項表決權或否決權」的特別股（黃金股）遂因應而生，繼英國採取此措施後國內經濟好轉，其他歐洲國家便起而效尤[12]，在90年代中蔚為風潮，然而此措施的動機非以公司最佳利益及股東利益為出發點，而是在於國家為了國家利益或其他的政治利益，因此實施後公司獲利非如預期，但仍多少促使經濟好轉[13]。

　　我國在2000年11月29日修正公布公營事業移轉民營條例[14]，其中引進黃金股制度，適用於具有公用或國防特性的公營事業。嗣於2006年3月28

　　項之修法理由。

[10] 黃金股第一次被正式立法是在1986年時的法國法。See Alice Pezard, The Golden Share of Privatized Companies, 21 Brook. J. Int'l L. 85 (1995), at 85.

[11] See Andrei A. Baev, Is There a Niche for the State in Corporate Governance? Securitization of State-Owned Enterprises and New Forms of State Ownership, 18 HOUS. J. INT'L L. 1, 20-22 (1995). Alice Pezard，前揭註10。

[12] 法國於1986年8月6日將黃金股明文化。前揭註10。

[13] 于婷，歐盟國家「黃金股」——特別權利之研究，淡江大學歐洲研究所碩士班學位論文，2012年，頁13-14。

[14] 公營事業移轉民營條例第17條第2項：「發行特別股之事業，為下列行為應先經該特別股股東之同意：一、變更公司名稱。二、變更所營事業。三、讓與全部或主要部分之營業或財產。」

日中華電信董事會決議通過，依據修正前之電信法第12條第8項規定[15]，發行兩股具重大事件享有否決權的「黃金股」給予交通部，是國內首家發行此特別股的公司，藉以減少當時因國營事業民營化而憂慮工作權喪失的員工，以及憂心國家公用資源是否易遭財團獨占進而影響公共利益之疑慮，此可謂是在國營事業民營化過程中，制衡財團的方式之一[16]。

參、黃金股之意義、特別事項之界定及相關疑義

一、意義及性質

「對於特定事項具否決權特別股」，在學理上又稱為「黃金股」，即握有黃金股的股東對於特定事項具有否決權。

由前述之歷史沿革、外國立法例可知，發行「黃金股」之目的，無非係為因應企業特性、權利義務之規劃、營業管理等目的；再者，新法規定發行此項特別股時應於章程中明定，究其對於何種特定事項具有否決權，可謂為特定目的或價值所為，具有濃厚的「政策性」。又既為政策性取向，應由何人取得此種具有相當於尚方寶劍般效力的否決權，以達到發行目的，則繫於持有人之主觀價值與企業之價值觀是否相契合，若無，則是否真能達到發行目的，非無疑問。因此，觀諸此種特別股的目的，設

---

[15] 現行電信法第12條，因配合中華電信有限公司完成民營化作業，認已無規範必要，刪除原條文第8項至第11項，於102年12月11日經總統公布。修正前之電信法第12條第8項至第11項：「中華電信股份有限公司移轉民營時，其事業主管機關得令事業發行特別股，由事業主管機關依面額認購之，於三年內行使第九項所列之權利，並為當然董、監事（第8項）。中華電信股份有限公司為下列行為，應先經該特別股股東之同意：一、變更公司名稱。二、變更所營事業。三、讓與全部或主要部分之營業或財產。（第9項）違反前項規定者，無效（第10項）。依第八項規定發行之特別股，不得轉讓。但於第八項所定期間屆滿後，由該事業以面額收回後銷除之（第11項）。」

[16] https://www.lawbank.com.tw/news/NewsContent_print.aspx?NID=39536.00，最後瀏覽日期：2018年10月6日。

置「黃金股」對於公司而言,該特別股應同時具有「屬人性」,由與公司價值觀相契合者持有,才得以在股東會中扮演緊急煞車系統的角色,同時藉此掌握相當程度之經營權,引領公司自我修正並維持公司既有的經營理念。

二、特別事項之界定及相關疑義

雖明文規範公司得以章程訂定發行對特定事項具否決權之特別股,然而該特定事項是否只要是公司之相關事項均得以包含之,不無疑問。且究竟何種事項得以列為特別事項?是否應以章程明訂由特定人持有?發行後,行使否決權之對象為何?均值得探究。

所謂「特定事項」,由公司法第157條第1項第4款之文義解釋可知,公司於章程中明訂發行對特別事項之具有否決權之特別股以外,應同時訂定該特別股得以否決之特別事項為何。然而,是否僅能限制於公司法第202、185條關於營業政策重大變更事項,及第317條分割合併之股東會決議事項,始能於章程中列為「特定事項」不無疑問。依據公司法規定股東會決議事項之文義及意在落實「所有權與經營權分離原則」之目的觀之,既已有明文規範,應屬具「一般化、客觀化」之股東會決議事項,然而,誠如發行黃金股本具有主觀性質、政策性目的以及屬人性,且本次修法在於提供非公開發行股票公司之特別股多樣化及允許企業充足自治空間,避免引進天使資金卻喪失經營權或偏離原有之經營理念;對家族事業而言,避免其他投資人影響其股權,控制權及股權緊密性等目的[17],不應侷限於一般化、客觀化之股東會決議事項,而應由企業自身經營之「主觀性價值」訂定之。易言之,訂定得藉由特別股否決之「特定事項」,應由企業自身營運目的出發,經股東會依據公司法第277條規定,以特別決議變更章程之方式去訂定,如此始符合黃金股之本質及發行目的。

又若為貫徹發行黃金股之目的,以章程明訂由特定人持有黃金股,依文義解釋應非可行,蓋觀諸公司法第157條規定,並無允許得以章程明訂

---

[17] 王文宇,前揭註6。

由特定人持有對特別事項具有否決權之特別股，由此可知，不得以章程明訂由特定人持有，惟探究發行黃金股之目的及其屬人性之特色，為維護公司營運之目的、理念，以及經營者對公司之控制權，若僅以章程明訂發行此類特別股卻未限定持有人，致使任何人均得以持有之可能，如此是否得以貫徹發行之目的，殊值懷疑。是以本次修法未限制持有此種特別股之特定人，應屬立法上之疏漏。

　　至於此項否決權之否決對象為何？鑒於其否決權仍屬「股東權」，是以僅能於股東會上就股東會決議事項行使之，且未規範行使時點，解釋上，似得就已進入決議程序且尚未表決之議案，直接行使否決權，亦或待股東會決議通過後，始得行使。

肆、立法之檢討

一、發行程序過於簡陋

　　關於發行「對特定事項具否決權之特別股」之程序，在新修訂之公司法中並無特別規定，解釋上似應循股東會發行普通股之程序為之。然而黃金股之本質既為具有否決權之特別股，其發行有政策性目的，且對公司之營運方向具有重大影響力，因此發行程序應更為慎重，並加以特別規定，將此發行程序應經由股東會之特別決議，決定是否發行此特別股，始符合其本質。

二、關於持有「對於特定事項具否決權特別股」之股東責任，付之闕如

　　「對於特定事項具否決權」係附於該種特別股上之股東權，持有人僅為特別股股東而非公司機關，然該否決權行使之效力，如同形成公司重大決定，可謂足以對公司之營運價值、方向產生重大影響力，若因而使公司受有損害，公司或債權人該如何進行責任追究並保障自身權益，本次修法

中相關保護措施之配套規定付之闕如,如此將使行使否決權之股東有權無責。然而,就足以左右公司營運理念、獲利等重大影響力而言,如同實質上執行、指揮業務之影子董事,掌握公司之營運方向,故解釋上,為使其負擔一定義務責任或注意,應可類推適用公司法第8條第3項之規定,將持有「對於特定事項具否決權特別股」之股東,視為實質上董事,當該特別股股東因行使其否決權而造成公司之營運有重大損失或影響時,除公司董事負擔公司法第23條責任以外,該特別股股東亦依公司法第8條第3項與董事同負責任。

伍、結論

本次修法於公司法第157條第1項第4款規定,允許非公開發行股票之公司得以發行黃金股,其立法理由係為使非公開發行股票公司特別股具多樣化及允許企業充足自治空間,此立法固然考量公司型態不同,而做出更為彈性的規定,然而就何為特別事項?是否得以章程明訂由特定人持有?發行後,行使否決權之對象為何?上述問題在此次修法中並未考量。若就黃金股之本質及發行目的加以考量,應予以明確規範,且對於發行程序未有配套措施,顯與黃金股屬於特別股之性質、目的有所扞格,實上不免可能產生更多公司治理成本的負擔。同時,關於持有「對於特定事項具否決權特別股」之股東責任,亦未衡酌行使後足以對公司營業產生重大影響之效力之可能,僅規範得於章程明訂發行「對於特定事項具否決權特別股」,卻忽略行使時注意義務及客觀上可能對公司造成之損失,使該特別股股東有權無責,此等立法疏漏若未能修法解決,未來在實務運作上,本次增訂之立法目的是否得以落實,不無疑問,然而可以預知的是,更多爭議將層出不窮。

9

公司法修法評析 —— 複數表決權特別股

鄭宇廷

壹、前言

2014年阿里巴巴公司申請在香港上市，香港證卷交易所以該公司採用合夥人制度已違反一股一權原則，違反香港上市規定[1]而拒絕其上市之申請，阿里巴巴遂轉往美國，並成功於2014年9月18日於紐約證券交易所（NYSE）首次公開發行股票（Initial Public Offering, IPO），阿里巴巴掛牌首日收盤即讓該公司的市值曾達到2,314億美元，並超越Amazon及Facebook，成為美國當時股市市值第四大的科技公司，僅次於Google、蘋果及微軟公司[2]，成為美國史上最大規模的IPO案。香港證卷交易所在失去阿里巴巴上市的機會後，震撼香港金融界，就是否改變「一股一權」制度引起熱烈討論。

包括阿里巴巴、Google、Facebook等知名公司在美國上市時，皆採用了複數表決權股等其他強化公司控制權之機制，以鞏固創業團隊對於公司經營權之控制，藉以達到以少數股權控制股東會之目的。我國公司法於2018年修正非公開發行之股份有限公司得發行「複數表決權股」，然其規定是否完善、對公司創業者及股東之保障是否足夠，皆為值得探討之議題。本文擬以2018年公司法之修正為主題出發，討論法制鬆綁的方向與複數表決權股之配套措施，並嘗試對修法做一評析與建議。

---

[1] 香港《上市規則》明文禁止、限制不同投票權架構。

[2] 劉連煜，雙層股權結構與公司治理 —— 從阿里巴巴上市案談起，當前公司與證券法制新趨勢 —— 賴英照講座教授七秩華誕祝賀論文集，1版，元照，2016年8月，頁297-298。

貳、淺談雙層股權結構之意義

　　每一股一表決權乃股東平等原則之具體實現，亦即股東依其持有股數計算其可行使之表決權。然我國公司法秉持每股有一表決權之原則，但容許在特別情況下，例外規定對於表決權得加以限制或排除等措施。2018年修法後，更加放寬了表決權的限制與種類，以下，就雙層股權結構為一簡要之介紹。

　　雙層股權結構，實務上常見者將，係將普通股分為A類普通股（class A common stocks）及B類普通股（class B common stocks）兩種，形成「雙層」股權的架構。A類普通股通常由一般投資大眾所持有，B類普通股由創業者所持有[3]。前者每股有一表決權，即所謂一股一權原則，後者則每股有2個以上之複數表決權（通常為10倍表決權），運作上，創業者被賦予與其在公司的經濟利益不成比例的表決權[4]。複數表決權股為雙層股權結構下之其中一層，其與一股一權之一般普通股形成股東權利行使上不同的差別待遇。

　　所謂股東平等一股一權原則之內涵，並未意味即應全面禁止特定股東或特定事項擁有複數的表決權，因此只要法規或章程能設計出一套合理的市場遊戲規則來依循行使表決權，使股東或潛在投資人能事先預測到其權益將可能受到何種程度的不利益限制，此時表決權賦予特定人優惠而發行表決權特別股甚至足以影響股東會，並非不可行，但本文認為有三點必須特別注意，其一為「事前的資訊確實揭露」；其二為「事中的股東權利平

---

[3] 以Google為例，B股持有人為共同創辦人與CEO，A股持有人則為上市前之投資人與上市後的流通股票；另以Facebook觀之，B股持有人為創辦人與上市前持有的投資人，A股持有人則為上市後的流通股票，故Facebook針對上市前的投資者亦可以擁有B股，B股非只集中在創辦人手上，取而代之的是採用表決權代理協議，讓創辦人擁有足夠控制權，同時避免了B股過度集中於特定持有者。上述兩間公司持股結構有所不同。詳參商業周刊報導網址：https://www.businessweekly.com.tw/article.aspx?id=23714&type=Blog，最後瀏覽日期：2019年1月4日。

[4] 劉連煜，前揭註3，頁300-301。

衡」；其三為「事後的股東權利救濟」。

參、2018年公司法修法關於特別股之修正

一、複數表決權於我國現行公司法之規範分析

(一)第一階段修法：2015年修正閉鎖性公司引進複數表決權股

　　我國公司法2015年修法前對於股票之表決權，恪守一股一權原則，依公司法第156條第1項規定：「股份有限公司之資本，應分為股份，每股金額應歸一律，一部分得為特別股；其種類，由章程定之。」第179條第1項規定：「公司各股東，除有第一百五十七條第三款外，每股有一表決權。」上開規定，肯認股東原則上享有與其股份數同額之表決權，即遵守一股一表決權原則及股東平等原則之具體規定。經濟部函釋[5]亦認為，以股東平等原則為中心，若特別股股東享有複數表決權、得轉換為複數普通股或黃金表決權等，將嚴重侵害普通股之股東及少數股東之權益，違反公司法一股一權原則，故應予以禁止，從而依我國當時公司法規定，一般的股份有限公司欲偏離一股一表決權之設計，只能依據我國公司法第157條第1項第3款特別股之規定為之，即得於章程規定「特別股股東行使表決權之順序，限制或無表決權」[6]。

---

[5] 經濟部函釋72年3月23日經商第11159號：「查公司法第179條第1項規定『公司各股東，除有第157條第3款情形外，每股有一表決權。』參照同法第157條第3款規定『公司發行特別股時，應於章程中訂定特別股之股東行使表決權之順序、限制或無表決權。』條文中所稱『行使表決權之限制』固不能解釋為每股享有數表決權，『行使表決權之順序』亦僅在分別普通股股東與特別股股東，或二種以上特別股股東對同一事項決議之先後，而與表決權之多寡應無關連，故依現行法應不能容有每股享有數表決權之特別股發行。」

[6] 有學者認為，該函釋明確表示在一般股份有限公司僅能發行無表決權（具有特別待遇或不具有特別待遇皆可）之特別股，不得發行複數表決權股。詳參張心悌，股份表決權之彈性設計——從閉鎖性股份有限公司之立法談起，當前公司與證券法制新趨勢：賴英照講座教授七秩華誕祝賀論文集，元照，2016年8月，頁533。

(二) 第二階段修法：2018年修正公司法第157條

公司法第157條規定：「公司發行特別股時，應就下列各款於章程中定之：一、特別股分派股息及紅利之順序、定額或定率。二、特別股分派公司賸餘財產之順序、定額或定率。三、特別股之股東行使表決權之順序、限制或無表決權。四、複數表決權特別股或對於特定事項具否決權特別股。五、特別股股東被選舉為董事、監察人之禁止或限制，或當選一定名額董事之權利。六、特別股轉換成普通股之轉換股數、方法或轉換公式。七、特別股轉讓之限制。八、特別股權利、義務之其他事項（第1項）。前項第四款複數表決權特別股股東，於監察人選舉，與普通股股東之表決權同（第2項）。下列特別股，於公開發行股票之公司，不適用之：一、第一項第四款、第五款及第七款之特別股。二、得轉換成複數普通股之特別股（第3項）。」

本條僅適用於非公開發行之股份有限公司。依公司法第157條第3項規定，複數表決權（第4款）、對於特定事項具否決權（第4款）、當選一定名額董事（第5款）之特別股於公開發行公司不適用之。換言之，只有非公開發行之股份有限公司得發行條文所列之特別股，修法理由認為此乃考量公開發行股票的公司股東眾多，為保障股東權益，並避免特別股遭濫用，進而衍生萬年董事或監察人之情形，故應採嚴謹規範限制之，綜觀規定目的，或可自股東及投資人權益保障、違反股東平等原則之理由來解釋。

此外，依本條第2項規定，複數表決權特別股於選舉監察人時須回歸一股一權行使，其表決權數與一般股東行使之普通股相同；反之，在董事選舉時則得以使用複數表決權特別股。

(三) 2015年新增、2018年修正公司法第356-7條

綜觀兩次修法，公司法第356-7條閉鎖性公司發行特別股之規定於2015年增訂，並於2018年修正公司法同時進行了修正。

公司法第356-7條規定：「公司發行特別股時，應就下列各款於章程中定之：一、特別股分派股息及紅利之順序、定額或定率。二、特別股分

派公司膳餘財產之順序、定額或定率。三、特別股之股東行使表決權之順序、限制、無表決權、複數表決權或對於特定事項之否決權。四、特別股股東被選舉為董事、監察人之禁止或限制，或當選一定名額之權利。五、特別股轉換成普通股之轉換股數、方法或轉換公式。六、特別股轉讓之限制。七、特別股權利、義務之其他事項（第1項）。第一百五十七條第二項規定，於前項第三款複數表決權特別股股東不適用之（第2項）。」

　　2018年修正後公司法第157條與公司法第356-7條，二者皆有複數表決權之規定，然公司法第157條第2項規定於閉鎖性公司並不適用，亦即於監察人選舉時回歸「一股一權原則」；而閉鎖性公司之複數表決權得使用於監察人選舉，故閉鎖性股份有限公司複數表決權股東於選舉監察人時，同樣享有複數之表決權利，此乃因公司法第356-7條係為貫徹閉鎖性股份有限公司擁有較大自治空間之精神，從而不與第157條第2項為相同之規範[7]，故兩者於監察人選舉之適用上不同。

二、表決權行使之限制措施

　　我國公司法在歷經兩次修正，引入複數表決權制度，重點在於「不過大影響股東權利之下，如何鬆綁法規限制，創造股權結構多元化之彈性，確保創始股東或其他重要股東之經營權」，故對於放寬一股一權原則下，仍應對其表決權之行使制定限制措施，方能降低損害，然在尊重公司治理的架構下，應給予公司得以自行約定控制權機制的安排，並賦予其自治與彈性。本文認為，公司法修正後僅規定得發行複數表決權特別股，無針對限制措施予以規範，故應使公司得利用章程等方式來約定對於特殊表決之限制，可考慮採行之方式如下：

（一）自動轉換機制

1. 設定股份轉讓限制

　　有學者認為，複數表決權股份的實質所有人若將股份轉讓於與公司無

---

[7] 劉連煜，現代公司法，13版，新學林，2018年9月，頁323。

利害關係之非關係人，則股份轉為一股一票股份，如此得以防止控制股東透過出賣特殊表決權股賺取控制權價值，故應規定在一定的條件限制下，若控制股東轉讓其複數表決權股，則該等股權即轉為普通股，回歸一股一權原則[8]。美國實務上常見約定管理層轉讓其所持複數表決權股份，將觸發自動轉換機制，然此時大部分公司會設計例外豁免自動轉換的情況，如持有人轉讓給親屬、其他創辦人、轉讓給其他持有人，或轉讓給受持有人控制之公司等以作為緩衝[9]。另有論者認為雙重股權結構的基本設計，即普通股A和普通股B，有三個例外情形：(1)普通股B之所有權不得轉讓，除非轉讓於特定人，例如配偶或繼承人等；(2)普通股B於轉換成為普通股A後，即可自由轉讓；(3)普通股B擁有複數表決權，當股東欲出售其持股時，必須先轉換成普通股A，而未經轉換而出售的普通股B將自動視為強制轉換[10]。

惟複數表決權股份轉讓予他人時，該股份是否應回歸一股一權原則，應探討一股一權原則之性質係為「本質性」或是「政策性」，若認為該原則具一身專屬性之「本質」，則不得由他人繼受或繼承原複數表決權之權利，自當回歸一股一權；反之，若認為係不具一身專屬性之「政策」，則得藉由轉讓移轉該特殊權利，由繼受人或繼承人行使複數表決權。本文認為複數表決權既特定股東（通常為創業人）才享有，既為鞏固經營權等特定目的，原則上應認為具有屬人性格之本質，特殊權利應不隨同移轉，從而一旦管理層轉讓其所持複數表決權股份時，該股份將自動轉換為普通股，然若不危害經營權維護之目的（如為求家族事業世代傳承等），可例外允許透過章程設計，將複數表決權轉讓與創業人或管理層之親屬、繼承人，或其他基於鞏固經營權之創辦人或控制權人等實質所有人或其關係人之豁免，使其得以保有該權利作為緩衝，以增加制度上之彈

---

[8] 張舫，美國一股一權制度的興衰及其啓示，現代法學，34卷2期，2012年3月，頁161。

[9] 朱德芳，雙層股權結構之分析——以上市櫃公司為核心，月旦法學雜誌，第274期，2018年3月，頁187-189。

[10] 張心悌，前揭註7，頁539。

性。

2. 落日條款

　　落日條款（sunset clause）係指公司在章程中規定持有複數表決權者於上市後一定年限，其所持有之股份將自動轉換為一股一表決權之普通股。有論者主張，複數表決權之效能，可能因創辦人或其團隊之創新技能隨著年齡與產業的更迭而降低或創辦人逐漸將低其持股比例等原因，因而會隨著公司之茁壯成長或時間的經過而日漸失效[11]。另有論者認為，章程中設計常見的落日條款可包括三種：(1)一段期間之落日條款，期限屆至即自動回復為一股一權，如Fitbit、Groupon公司等，約定時為五年至二十年不等；(2)特定事件之落日條款，如創辦人死亡、喪失工作能力、退休，或不再擔任管理職等；(3)依股東持股比例彈性調整或最低持股數量限制等[12]。

　　上開第三種落日條款模式之設計，可能的原因在於複數表決權股東若持有大量股份，因自身利害關係涉入者鉅，其利益與公司、其他股東理論上較能共進退，濫用複數表決權進而做出危害公司及股東權益之情形機率應會降低，故若透過章程，使創辦人股東持股維持一定比例仍可保有複數表決權利，似無不妥。惟何謂「一定比例」難以拿捏，章程需具體明訂清楚，且以持股成數作為觸發轉換的事由，係以「複數表決權股數[13]」抑或以「已發行股份總數[14]」為計算基礎[15]亦應訂明，以杜絕糾紛。另外並落實管理層持股股份資訊揭露，對於其他股東、利害第三人或市場交易秩序

---

[11] 朱德芳，前揭註10，頁186-187。

[12] 蘇怡慈，公司法修正草案簡評——以企業籌資為中心，月旦法學雜誌，第275期，2018年4月，頁13-14。

[13] 例如，管理層持股若未達複數表決權股份數的10%，則複數表決權股自動轉換為一表決權股。採此見解，只要管理層持股不轉讓雙層股權結構即不會瓦解。

[14] 例如，管理層持股低於公司已發行股份總數的20%。

[15] 以「複數表決權股數」計算持股比例的變化，係因管理層個人轉讓持股所致；以「已發行股份總數」計算則可能是公司發行新股或獎勵員工而引進新資金等情況，進而稀釋原持股比例，此與管理層個人之行為無關。朱德芳，前揭註10，頁189-190。

維持，才有預見性及依循標準。

(二) 重大事項決議

美國實務上不少採用雙層表決權結構之公司，限制持有較高表決權股份者於某些股東會決議事項時，只能行使一表決權，例如於公司合併決議，或者公司解散清算[16]，亦即，於重大事項決議時回歸一股一表決權。

(三) 表決權差異倍數上限

參香港上市規則第8A.09條，一股一權股東必須持有公司股東大會議案中至少10%的有效表決權。此規定係為了避免公司將股東大會議案的所有的表決權給予特殊表決權股東，完全剝奪其他股東之表決權。又第8A.10條則規定公司所發行的特殊表決權股份所擁有的表決權數不得超過發行人股東大會上普通股可就任何議案表決之投票權利的10倍。[17]若將複數表決權股與一表決權股之表決權差異比例之上限訂為10比1，則1股份最多可擁有10個表決權[18]。然有論者認為，考量表決權差異涉及公司控制權安排與籌資規劃，10倍未必適合所有公司，若公司規定若高於此一比例，雖無不可但應為說明[19]。

三、修法建議

複數表決權股制度的引進，主要目的就是方便新創事業透過此制度引入天使投資人之資金，藉以鞏固創業者及相關投資人之經營權，並使市場投資人得以做整體性的投資決策衡量。修法後公司可以針對個案需求發行特別股，包括複數表決權特別股、否決權特別股、無表決權特別股、一特

---

[16] 朱德芳，前揭註10，頁193。

[17] 呂珮珊，論控制權機制之安排──展望我國公司股權制度之未來，東吳大學法學院法律學系碩士班碩士論文，2018年6月，頁83。

[18] 於10倍表決權之下，複數表決權股東只要持有公司9.1%的股份（其他一股一權股東為90.1%），即可控制公司超過50%的表決權（91比90.1）。

[19] 朱德芳，前揭註10，頁192。

別股轉換數普通股特別股、保障特別股股東當選董事席次之特別股等，此情形之下，公司可能同時發行一般普通股、複數表決權特別股、甚至是無表決權特別股等不同層面之特別股，故本文認為公司法修正後之特別股，屬於「類似雙層股權結構」之設計，應跳脫一般人對於「雙層」架構的思維。

對於公司法複數表決權之增修，本文認為強化投資人之保障，有三點必須特別注意事項，分別為「事前的資訊確實揭露」、「事中的股東權利平衡」、「事後的股東權利救濟」。幾點建議如下：

（一）事前的資訊確實揭露：落實管理層複數表決權持股資訊的揭露

資訊揭露為促進市場交易、維護金融秩序的基本前提。本文認為落實資訊揭露可分為兩部分，其一為「對外：具流通性資本市場資訊之充分揭露」；其二為「對內：公司內部股權分配資訊之充分揭露」。

1. 對外：具流通性資本市場資訊之充分揭露

揭露流通性市場之資訊可使外部潛在投資人正確評估雙層股權結構所造成之影響，進而做出正確的投資決策。有論者提出「以資訊對稱性作為一股一表決權任意法規之基礎」之觀點，認為公司法之所以在某些規定具有強行法規性，係基於一般股東在為合理之意思決定時，欠缺必要之資訊以及判斷能力，因此，為了保護一般股東，即有解決此等資訊非對稱性問題之必要性。相反地，倘若股東事前能取得充分之資訊，且適當地評價此等資訊時，則股東或潛在投資人與公司之間即能自行決定最適契約之內容，在此種情形下，將公司法之規定作為任意法規並無不可[20]。換言之，倘若事先對股東或潛在投資人資訊充分揭露前提下，依股東會決議變更章程，而將一股一表決權原則作為任意法規，決定是否採行複數表決權模式，此時既已賦予股東或潛在投資人評估股權結構所造成影響及投資決策的機會，在資訊流通仍願意參與投資時，未必會損及股東或潛在投資人之

---

[20] 蔡英欣，股東表決權分配之規範模式，臺大法學論叢，38卷2期，2009年6月，頁108-109。

權益。

2. 對內：公司內部股權分配資訊之充分揭露

有論者認為，股份表決權的多樣性設計，因涉及到公司控制權與現金流量權之分配結構，此種偏離一股一表決權原則之設計，應讓公司股東與公司利害關係人知悉。依公司法第356-2條[21]、第356-3條第4項[22]規定觀之，經濟部已設置一閉鎖性公司之專屬資訊網站，故依第356-7條，發行之特別股應於章程中載明，自包括該特別股之表決權等事項，故關於特別股表決權多樣性之設計應要求公司在資訊網站中，適當揭露公司特別股發行的情況、種類與條件等內容[23]。本文贊同上開揭露資訊之見解。

惟「應於何處公開？」若依上開見解於閉鎖性公司專區公告公司關於特別股發行的情況、種類與條件等內容或許為可行之解，惟嗣後公司法第157條第1項第5款既已修法准予非公開之股份有限公司發行複數表決權特別股，是否仍得援用該規定於閉鎖性公司專區予以公告，仍有疑問，況公司法第356-2條係「載明閉鎖性」，而第356-3條第4項則規定「以技術或勞務」為出資方式，容有不同。

複數表決權股東得因其特殊權利，進而成為實質上的公司掌控者，卻得以免除持股數超過10%股份的大股東申報義務（即股東形式上持股數低於10%，卻因特殊權利致伊實質上擁有超過10%之表決權數者），故揭露「隱匿且掌控性高的實際經營者」之影響力與持股情形，為強化保護股東與市場投資人的必要措施。本文建議，可依據公司法第393條[24]第2項第

---

[21] 公司法第356-2條：「公司應於章程載明閉鎖性之屬性，並由中央主管機關公開於其資訊網站。」

[22] 公司法第356-3條第4項：「以技術或勞務出資者，應經全體股東同意，並於章程載明其種類、抵充之金額及公司核給之股數；主管機關應依該章程所載明之事項辦理登記，並公開於中央主管機關之資訊網站。」

[23] 張心悌，前揭註7，頁560。

[24] 公司法第393條規定：「各項登記文件，公司負責人或利害關係人，得聲敘理由請求查閱、抄錄或複製。但主管機關認為必要時，得拒絕或限制其範圍（第1項）。下列事項，主管機關應予公開，任何人得向主管機關申請查閱、抄錄或複製：一、公司名稱；章程訂有外文名稱者，該名稱。二、所營事業。三、公司所在地；設有

8、9款之規定，就公司發行複數表決權特別股主管機關應予公開，然應公開者應規定包含公司股權與表決權結構、持有複數表決權的持股人身分、是否有持股轉讓情形、複數表決權持有人持股成數、特別股相關彈性之限制、個案中是否有複數表決權轉換為單一表決權情事（如上開落日條款等）情況或伊有何等屬重大事項決議而回歸一股一表決權等事項，皆應公開揭露予投資人知悉，以使其得以精確判斷局勢及擬定投資策略，而非僅單純公開該公司是否有發行複數表決權特別股。立法技術上建議可採以要求公司「資訊申報」之方式為之，亦可配合罰鍰手段令其達成，以保障股東或投資人之權利及投資選擇。

（二）事中的股東權利平衡：原有股東補償制度之建立

　　所稱之股東權利平衡，本文著重在「股東補償制度」。當創業者或相關投資人透過發行複數表決權特別股來鞏固經營權之「優惠」權利的同時，一般普通股股東權利即相對受到壓制，故應賦予其補償以作為投資的誘因，因為股東或潛在投資人投入資金未必是要爭奪經營權，也或許僅是欲取得獲利或股利，故宜透過立法或章程規定，建立妥善的股東補償制度。本文建議可採「A股優先分派股利；B股拿複數表決權」的模式，亦即可採普通股股東優先分派應得之股利，剩餘部分再由複數表決權股東取得之「A股優先分；B股少分慢分」；抑或章定採「A股分派股利；B股僅有投票權，無盈餘分配權」等模式，以作為一般普通股股東的補償，不僅能各獲其利各取所需，亦能引起或增加投資人投入資金的動機。

（三）事後的股東權利救濟：原有股東退場及救濟機制之建立

　　複數表決權的引入動搖了股東平等原則，使得權利易趨於集權，容易

分公司者，其所在地。四、執行業務或代表公司之股東。五、董事、監察人姓名及持股。六、經理人姓名。七、資本總額或實收資本額。八、有無複數表決權特別股、對於特定事項具否決權特別股。九、有無第一百五十七條第一項第五款、第三百五十六條之七第一項第四款之特別股。十、公司章程（第2項）。前項第一款至第九款，任何人得至主管機關之資訊網站查閱；第十款，經公司同意者，亦同（第3項）。」

衍生其他問題,例如持複數表決權股股東若支持董事會,此時依公司法第199條股東會解任不適任董事之目的將容易被架空,抑或累積投票制保障少數股東得以進入董事會發聲之本意,亦可能將無用武之地[25]。此外依公司法第212條起訴追究董事責任,亦會生類似問題。

此外,在引入複數表決權特別股模式後,股東若受到不當迫害或不公平對待,抑或發生潛在利益衝突等不當經營的問題時,有論者主張英國法的「不公平妨害救濟制度[26]」,即針對少數股東受擁有多數表決權之經營者不公平侵害時的救濟管道[27]。我國公司法雖有第214條股東代表訴訟之規定,然並無股東直接訴權一般性規定,而分散於公司法與證券交易法當中。本次修法就少數股東受到壓迫或公司僵局等情形,未規範救濟方式,對少數股東之權益保障有欠周全,故此時少數股東之救濟方法似可主張受託人義務之違反,或請求法院裁定解散公司等方式為之[28]。然我國就股東退出公司機制,其中就裁定解散之規定,僅限於「公司之經營有顯著困難或重大損害時」始得聲請法院裁定解散,不及於公司其他作為或不作為侵害股東權益之情形,故當股東並無意解散公司時,難有其他救濟管道[29],且受託人義務之違反,然遇實際案例時仍舊頗不易判斷究竟受指派為董事

---

[25] 方嘉麟,公司法修正評釋,月旦法學雜誌,第280期,2018年9月,頁226。

[26] 英國法上之不公平侵害救濟制度規定於英國2006年公司法第30部,依第994條規定公司成員請求之要件有:1.公司事務以不公平妨害所有成員或一部成員(至少包括該成員自己)之利益的方式正在或已經被處理;2.公司作為或不作為構成或將構成妨害。葛偉軍譯注,英國2006年公司法,3版,法律出版社,2017年5月,頁826-834。

[27] 屬股東直接訴權,謂所的不公平侵害情形,英國長期法院的相關案例中大致上有四種情形:不當排除少數股東參與公司經營(exclusion from management)、不當經營(mismanagement)、董事違反忠實義務(breach of directors' fiduciary duty)、經營者過高報酬、未給付或不足給付股息(excessive remuneration and the failure to pay dividends)。See ALAN DIGNAM & JOHN LOWRY, COMPANY LAW 240-49 (2014)。轉引自呂珮珊,前揭註18,頁107-108。另有論者主張即使是有不公平妨害救濟制度機制,依外國經驗也經常是曠日費時,非可立竿見影。劉連煜,前揭註3,頁317-318。

[28] 林郁馨,閉鎖性公司之公司治理與少數股東權之保障,月旦法學雜誌,第231期,2014年7月,頁145-148。

[29] 呂珮珊,前揭註18,頁157-158。

之是為公司利益，抑或是為指派人控制股東之利益而決策[30]。

　　本文建議：1.宜引入類似「不公平妨害救濟制度」作為股東直接訴權的請求權基礎，然在英國法上仍有其缺點，其中之一為英國公司法對於所謂不公平侵害並未有明確涵義，需透過法官裁量權予以判斷，但英國實務上有大量案例得以支撐法官心證的形成，在我國則相當缺乏，故立法技術上應更為謹慎，並考慮將「拒絕提供公司應提供之訊息」、「不正當地操縱持股」、「無故將股東從管理階層排除」等原因作為不公平妨害提起之事由；2.透過法規或章程設計「表決權行使的限制措施」補充修法後的不足，建立遊戲規則供依循，以避免複數表決權股東的權力過大；3.應制定股東退場機制，亦即修法建立「公司股東股份收買請求權」之制度，因股東若於投資時並未將公司發行複數表決權使經營權落入少數特定人一事作為投資判斷根據，該風險並非投資時所能預見，且在資訊充分揭露時，投資人知悉有發行複數表決權股即不會參與投資時，為保障原有股東權利，應賦予以反對股東退場機制，請求公司以公平價格買回股份。首善方式，建議直接修法增訂「公司發行複數表決權之股東股份收買請求權」，且為避免時間拖延、影響公司及股東權利，得考慮規定同時規定除非股東撤回，否則實體發行股票一經提存，或無實體發行股票經寄回請求收買文件後，股東即喪失股東權利；若未增訂新條文，或可考慮將公司法第185條第1項公司重大交易行為增列第4款「公司發行特別股致股東行使表決權有重大影響」，使股東得依公司法第186、187條規定行使股分收買請求權[31]，以保障股東的退場機制。

（四）股東會定足數應以表決權數作為計算標準

　　公司法第180條在2018年修法並未修正，依該條第1項規定：「股東會之決議，對無表決權股東之股份數，不算入已發行股份之總數。」再依第174條規定：「股東會之決議，除本法另有規定外，應有代表已發行股

---

[30] 劉連煜，前揭註3，頁318。

[31] 有論者主張可增加「公司改變股權結構」之情形。詳參呂珮珊，前揭註18，頁156-157。

份總數過半數股東之出席，以出席股東表決權過半數之同意行之。」觀之，修法後仍以股份數而非表決權數計算出席所需之定足數，從而擁有複數表決權特別股股東出席時，並不會影響出席數的計算。

在原有一股一權原則下，不會出現股份數與表決權數發生歧異的情形，然在修法引進複數表決權制度後，與既有制度之衝突隨即浮現[32]。其問題在於，股東會出席門檻以股份總數而非表決權數為準，故僅需普通股股份數量夠大，仍可藉由惡意不出席杯葛導致無法順利召開股東會，複數表決特別股股東亦束手無策，如此將使修法目的不達。

從而有論者認為，修法進行特別股內容之修正時，相關規定應一併調整，修法允許複數表決權特別股之發行，則股東會開會的定足數就不宜再以發行股份總數為計算基礎，應改以表決權數為計算基礎[33]。本文認為以「已發行股份總數」作為計算方式對於複數表決權股制度影響層面甚廣[34]，實務運作上可能會產生困境，股東會定足數之設計勢必會受到挑戰，建議應修法以表決權數作為計算標準。

(五) 公開公司目前仍不宜開放發行複數表決權股

本次修法允許非公開發行股份有限公司關於複表決權特別股，然是否放寬公開一般公司亦得發行以建構複數表決權特別股之雙層股權結構，仍有爭執：採肯定見解者認為，無表決權、限制表決權與複數表決權股並無本質上之差異，則既然現行法允許公開發行公司可以發行無表決權與限制表決權股，再搭配表決權行使之限制措施（例如落日條款），似無禁止其發行複數表決權股之必要。且若以複數表決權股架構雙層股權結構，原

---

[32] 陳韋辰，雙層股權結構之法律研究，國立政治大學法律學系碩士班碩士論文，2017年6月，頁82-83。

[33] 朱德芳，公司法全盤修正管制鬆綁與公開透明應並重──以籌資、分配與資訊揭露為核心，月旦法學雜誌，第268期，2017年9月，頁12。

[34] 例如公司法第185條公司重大行為事項決議、第199條及199-1條董事解任決議、第209條許可董多競業行為決議、第240條盈餘分派決議、第277條變更章程決議、第316條公司解散、合併或分割決議等都將受影響。

則上係由管理層取得複數表決權之特別股，其他投資人取得一表決權普通股；如以無表決權或限制表決權架構雙層股權結構，則管理層取得一表決權之普通股，而其他投資人取得無表決權或限制表決權之特別股，兩者相較前者較能保護投資人[35]，畢竟一般股東仍有取得投票權，仍得於股東會上奮手一搏；採否定見解者則認為，未公開發行公司容許引進複數表決權制度，以免新創事業因害怕被吃掉創業心血而憚於引進新資金，然一旦隨著公司成長欲申請成為公開發行公司，則應回復一股一表決權原則，避免經營不善者無從被更換或取代的可能性，難以貫徹公司治理精神，且若欲允許外國雙層股權結構公司來臺上市上櫃，以增強我國資本市場競爭力，但如阿里巴巴、臉書等體質較優的公司，臺灣資本市場未必能吸引得到，卻可能因此傷害臺灣資本市場公司治理之聲譽，故仍應堅守一股一權之原則。[36]

本文肯認將來開放使公開發行公司發行複數表決權特別股，如上開所述，但目前尚不宜開放，其理由有三：

1. 依立法理由說明，考量公開發行股票之公司股東人數眾多，基於保障股東權益，發行複數表決權之特別股應採較嚴謹之規範為宜。且特別股轉讓受到限制，即特別股股東無法自由轉讓其持有之特別股，此於公開發行股票之公司尤其上市、上櫃或興櫃公司，係透過集中市場、店頭市場交易之情形，將生扞格，實務執行上有其困難，不宜允許。

2. 我國資本市場確實不如美國、日本、香港、中國大陸、新加坡等全球主要經濟市場來的活絡，是否開放了真會吸引大型的創新企業來臺上市上櫃確有疑問，且我國實務經驗累積並不豐富，對資訊揭露、小股東救濟機制等，亦有未臻之處。故以我國目前之交易市場環境，尚不宜立即允許公開發行公司發行複數表決權特別股，但未來仍應朝向開放之目標邁進。

3. 從複數表決權股之制度作用以觀，可分為兩層面的視角：其一，

---

[35] 朱德芳，前揭註10，頁186-187；蘇怡慈，前揭註13，頁12-14。
[36] 劉連煜，前揭註8，頁323-324。

為「政府」視角；其二，為「創業者」視角。前者重視健全國家金融市場環境，提升資本市場競爭力，我國既以中小企業體為主，經濟發展活動並非如同主要經濟體活躍，尚不具極大市場吸引力已如前述；後者，著重在鞏固創業者之經營權，創業者及相關投資人最在乎的並非市場競爭力，而是否得以藉由複數表決權掌控公司經營權，然公開發行公司通常公司規模較大，相較之下更需要在市場中吸引資金投入，若開放公開發行公司發行複數表決權特別股，容易會因表決權被特定人把持而造成投資人投資意願降低，反而與吸引資金之目的相悖。

肆、結論

公司法制應容許高度的章程自治，讓公司透過章程安排來滿足其不同的需求，法規適度鬆綁才能活絡並促進市場資本引入。我國公司法修正後開放發行複數表決權股，然其規定仍過於簡略，運作前提應落實管理層持股股份資訊的確實揭露，以使股東或潛在投資人得以做出正確的投資決策，並建立完善的股東補償制度、股東退場機制及股東侵害救濟制度，且立法上相關條文亦一併做適度修正，並同時輔以公司治理規定，落實「事前的資訊確實揭露」、「事中的股東權利平衡」、「事後的股東權利救濟」之建立，如此複數表決權制度將能更為健全。

雙層股權結構的思考，提供了全面檢視我國股東平等原則的機會。本文建議應逐步且適度開放採用複數股權結構，並輔以配套措施，以期能建立一個公平透明、資金活絡、各取所需、權責相符的金融市場遊戲規則。

10

試評公司法第173-1條「大同條款」

游聖佳

壹、107年新增訂之公司法第173-1條大同條款起源[1]

一、大同公司經營權爭奪之起源背景

　　民國9年，大同商號創立，嗣林氏家族改經營為「大同股份有限公司」，成為臺灣第一批在證交所上市的公司之一，民國60年代盈收居民營企業之冠，歷史股價最高記錄曾達70元，然因家族內鬥，致使大同公司股價一度跌至10元以下。

　　民國95年，董事長林挺生逝世，同年度即發生大同公司第一次經營權爭奪戰，由林挺生大房長子林蔚山對決大房次子林蔚東以及二房次子林鎮源的聯合陣線，惟林蔚東縱然結合了聯電曹興誠之勢仍功敗垂成，林蔚山及妻林郭文艷在大房家族支持下接班大同公司，及開啟「後大同時代」來臨。

　　由於大同公司營運績效長期低迷，除因經營權爭奪時股價有小幅回升之外，其他時候股價約僅有5、6元，號稱「連水餃股都不如」，被資深小股東直批公司情形「每況愈下、慘不忍睹！」。而公司外部諸多紛爭，內部也不惶多讓，最大爭議當屬大同公司「十七年來未發股利、股息」一事。由於大同公司每月會由員工薪資帳戶中提撥固定比例薪水購買大同股票，信託於中國信託銀行，遭大同員工稱：「公司從員工薪資帳戶中扣薪水買大同股票，說是為員工存退休金，但十七年從未發過一毛股利，這根本說不過去！」當然，股利發不出來，係與營運績效有關，查大同公司自

---

[1] 以臺灣臺北地方法院106年度訴字第2349號民事判決、今周刊「百年大同，變天決戰」一文綜合整理。

96年至100年間，每年幾乎以平均盈收8%計新臺幣23億元在下滑，實可謂慘不堪言。

　　為彌補巨額虧損，100年大同公司宣布減資58%，即新臺幣321億元。減資後，股價短暫回到16元，相當於公司每股時價淨值，看似有起飛趨勢，時任大同董事長林蔚山甚至在股東會喊出「大同百周年，目標價80元。」的口號，但隔年就一路下滑落底至5元上下，股東完全傻眼。

　　營運績效始終欠佳的大同公司，公司唯一的優勢，即屬其手上握有之可觀雄厚土地資產。早在民國99年時，歐系券商估算大同公司土地資產對每股淨值的貢獻度達16.7元，粗估總價值高達上千億元，此還不包括市場銷售利益與開發後商機，潛在獲利驚人。土地資產致使大同公司這塊肥肉看在有心人眼裡，百般覬覦。再者，大同公司長年來董監持股偏低，多年來約僅達7～8%左右，公司核心「董事長」林蔚山及妻林郭文艷甚至持股合計不到2%，從公司治理的角度觀其言之，已存在「控制股東與公司業績並未利害一致」的現象。再加上董座林蔚山涉犯掏空「通達國際股份有限公司」刑事背信罪判決有罪卻拒不辭任[2]，使得大同公司這家老店可謂內外紛爭不斷，毫無停休。

　　也因此，林蔚山與林郭文艷的「後大同時代」，從公司營運實績到經營治理，可謂是繳出一張滿江紅的成績單，股價長期低迷疲軟不振，經營階層持股過低，且經營不符股東期待等情，已成為控制股東希望改變經營權的理由。況其所擁有的龐大土地資產，更使得大同公司之經營權成為各家蜂擁狙擊逐獵的對象。只要大同公司適逢董監改選，就會引來市場四方人馬前仆後繼的來爭奪經營權，核民國95年至106年間已發生四次經營權之爭，竟使得低持股的經營核心林蔚山、林郭文艷次次能夠化險為夷。

---

[2] 臺灣新北地方法院100年度金重訴字5號、臺灣高等法院101年度金上訴字11號、最高法院101年度台上字3146號、臺灣高等法院101年度金上更（一）字4號、臺灣高等法院101年度金上重訴字37號、臺灣高等法院104年度金上重更（一）字18號、最高法院104年度台上字第3583號等刑事判決。

二、重大影響公司法之大同公司106年股東常會事件

　　民國106年2月17日，大同公司公告其將於106年5月16日召開106年度股東常會，通知將進行董事及獨立董事共9席之選舉，並公告持有大同公司股份達1%以上之股東，得依公司法第192-1條規定以書面向公司為董事候選人提名，提名期間為民國106年3月5日起至同年3月14日止。大同公司之公司派即董事會提名包括林蔚山、林郭文艷等9人後，市場派「新大同投資顧問有限公司」、「欣同投資顧問有限公司」結合大同公司小股東自救會，由該二公司提名包括欣同公司董事長亦是律師的林宏信在內10人角逐大同公司董事。面對擁有已發行股份過半數52%股權的市場派，計算盤面僅持股約2～3成的公司派眼見公司經營大權恐將旁落，即於106年3月29日公布董事候選名單時，宣布按公司法第192-1條第4項以檢附文件不齊全為由，將市場派提名之10名董事候選人全數剔除。新大同公司及欣同公司旋向臺灣臺北地方法院提出定暫時狀態假處分[3]，惟僅剩欣同公司林宏信、楊永明、林鵬良等3人成功突破重圍得予提名[4]；孰料106年5月11日當天，公司派竟當場以林宏信等3人提名違反公司法第192-1條為由，撤除其候選人提名資格，使公司派9人全數當選。嗣後即由欣同公司提出確認暨撤銷股東會決議不存在之訴，由臺北地方法院106年度訴字第2349號民事案件審理，於107年10月31日一審判決欣同公司勝訴，大同公司於106年5月11日召開之股東常會關於選董事即公司派林蔚山、林郭文艷等9人之決議予撤銷，現今上訴二審審理中。

　　經過民國106年度股東常會三年一次的董監改選結束，認為經營權爭奪戰烽火應該以然熄滅的公司派，籌畫迎接大同公司之百歲慶生。然民國107年5月17日太平洋日報上的公告再度為大同公司經營權投下震撼彈，羅得投資股份有限公司、競殿投資股份有限公司、三雅投資股份有限公司

---

[3] 新大同投資顧問有限公司之定暫時狀態假處分案件：臺灣臺北地方法院106年度全字第151、152號、臺灣高等法院106年度抗字第487號、臺灣臺北地方法院106年度全字第166號、臺灣高等法院106年度抗字第539號民事裁定等。

[4] 欣同投資顧問有限公司之定暫時狀態假處分案件：臺灣臺北地方法院106年度全字第156號、臺灣高等法院106年度抗字第537號民事裁定等。

已取得大同公司持股比例共10.01%，據聞其背後是臺北市都更案知名建商：三圓建設股份有限公司董事長王光祥。由王光祥領軍，聯手房地產投資專家鄭文逸的市場派，傳聞已取得過半數的大同公司股權，來勢洶洶，勢在必得，似將以新增訂之公司法第173-1條再掀大同經營權爭奪戰戰火。公司派此次已經無法等到民國109年三年改選董監時才想辦法了，現任董事長林郭文艷究竟要如何保下代代相傳的大同江山？有待嗣後觀察與追蹤。

貳、新增訂第173-1條「大同條款」探討

一、公司法第173-1條與第173條間之關聯

公司法第173-1條：「繼續三個月以上持有已發行股份總數過半數股份之股東，得自行召集股東臨時會（第1項）。前項股東持股期間及持股數之計算，以第一百六十五條第二項或第三項停止股票過戶時之持股為準（第2項）。」

立法理由：「一、本條新增。二、增訂第一項。當股東持有公司已發行股份總數過半數股份時，其對公司之經營及股東會已有關鍵性之影響，倘其持股又達一定期間，賦予其有自行召集股東臨時會之權利，應屬合理，爰明定繼續三個月以上持有已發行股份總數過半數股份之股東，可自行召集股東臨時會，毋庸先請求董事會召集或經主管機關許可。三、增訂第二項。繼續三個月以上持有已發行股份總數過半數股份之股東，得召集股東臨時會，該股東所持有過半數股份及持股期間，究應以何時為準，宜予明定，爰於第二項明定股東持股期間及持股數之計算，以第一百六十五條第二項或第三項停止股票過戶時之持股為準，以利適用。」

股東會召集，原則上由董事會召集之（§171）；而董事之選任，由股東會按公司法第198條累積投票制選出，依企業所有、企業經營分離原則，現行法毋庸必就股東中選任之（§192Ⅰ），股東自得就持股數少甚

至是零持股之專業經營人士中選任，委託其經營管理，嗣由股東享有投資營運利益，並使業務執行機關董事會共享盈利。然，若公司經營之公司派係持股較低，其積弱不振致公司營運不佳，甚至屢屢虧損，市場派股東必然希望換人做做看，尤其是市場派係屬公司控制股東時。從過去案例可看出，當市場派持股遠超過公司派時，公司派可得預料一旦召開股東會，其經營權將會喪失，即拒開或是一再延宕股東會召開，甚至有中小公司因此長年不召開股東常會，使得控制股東空有股東權而無法正常行使，亦怠於行使。也讓持股甚低而朝不保夕的董事繼續頑強抵抗，持續在位，大幅增加公司掏空風險，股東實質所有權人之地位即受到重大損害[5]。

民國107年公司法修法前，雖公司法例外賦予少數股東得依公司法第173條第1項規定，其繼續一年以上、持有已發行股份總數百分之三以上股東，得先請求董事會召開股東臨時會，於其不為時，報經主管機關許可自行召集；或同條第4項，於董事會特殊事由不能召集時，由持有以發行股份總數百分之三以上股份股東，報經主管機關許可自行召集。然第173條係補充董事會不能或不為召集時，給予股東有請求召集或自行召集之權[6]，有實務見解認為公司法第173條之召集權本質上為股東權之共益權，行使目的非專為股東個人，而是在防止公司不當經營之救濟，似是由發動股東僅須持有已發行股份總數百分之三比例為觀之[7]。但此實務見解說法要非完全，因股東持有公司股份行使股東權，必然是為自己利益，而同時兼至公司利益發動召集權，其召集股東臨時會的結果只有「有無成效」、「成效大小」的問題，並不當然就會達到少數股東召集股東臨時會所希望的完全結果。所以少數股東大費周章按公司法第173條召開股東臨時會，

---

[5] 方嘉麟，公司法修正評釋，月旦法學雜誌，第280期，2018年9月，頁223。

[6] 公司法第173條民國90年修訂理由。

[7] 最高法院94年度台上字第1821號民事判決：「公司法第173條乃股東提案權之特別規定，明定須繼續一年以上持有已發行股份總數百分之三以上股東，得以請求董事會以召集臨時股東會之方式行使提案權，其在本質上為股東權之共益權，其行使之目的，並非專為股東個人，而在防止公司不當經營之救濟。行使該條提案權之股東，需受持有一定持股期間及比率之限制，並須報請主管機關許可為要件。」

最後可能都淪於白忙一場。說穿了，最終決定決議結果的，還是「持股比例」與召集股東會之程序操作。前開論述之前提，建構在少數股東順利經主管機關許可召開股東臨時會之情況，倘按第173條第1項規定少數股東須先請求董事會召集，一旦董事會半路攔截同意召開，少數股東將無法取得股東臨時會之主持權，議案進行仍然掌握在公司派手中[8]。是此，第173條少數股東許可召集權規定，當僅具有「召集股東臨時會」之功能，其他目的性，基本上應該可論不存在，或僅為附屬價值或反射價值，因為該臨時會決議召開以後，最後還是以股權決戰。

如此，解釋公司法第173條第1、4項少數股東召集須經主管機關許可，才謂合理。而實務見解認為，主管機關之審查除就持股期間、持股比例、要式等為形式審查外，就其必要性、允當性，亦有個案實質審查權限[9]。惟本文認為，實質審查範圍當以其召集理由有相當不必要或不妥當

---

[8] 林喆睿，由股東行動主義探討公司法第173-1條的「股東會召集權」，臺灣法學基金會「新公司法解釋與適用」學術論文集，2019年1月12日，頁110。

[9] 最高行政法院106年度判字第65號判決：「按公司登記主管機關審查少數股東依公司法第173條第2項規定，請求許可自行召集股東臨時會之事件，應先從程序上審核申請人是否為繼續一年以上持有已發行股份總數百分之三以上之股東，有無以書面記明提議事項及理由請求董事會召集股東臨時會，暨其請求提出後十五日內，董事會未為召集之通知等事項進行審查；符合後，再就其申請事由之必要性、允當性，本諸職權加以審查並進行個案裁量。從而縱依股東名簿記載，申請人合於公司法第173條第2項關於股東得報經主管機關許可自行召集股東臨時會之資格要件，惟申請人之申請有無必要，仍須依其申請理由及提議事項等進行實質審查，非謂於進行實質審查時仍應以公司股東名簿為據以判斷申請人之申請有無必要之主要或唯一證據。」
經濟部101年3月6日經商字第10102017930號：「（要旨：公司登記機關審查公司法第173條有關少數股東申請自行召集股東會之案件時，應先程序審查該股東是否符合資格要件，符合後再就其申請事由實質審查）
一、按最高法院94年度台上字第1821號民事判決意旨略以：『公司法第173條乃股東提案權之特別規定，明定須繼續一年以上持有已發行股份總數百分之三以上股東，得以請求董事會以召集臨時股東會之方式行使提案權，其在本質上為股東權之共益權，其行使之目的，並非專為股東個人，而在防止公司不當經營之救濟。行使該條提案權之股東，需受有一定持股期間及比率之限制，並須報請主管機關許可為要件，旨在防止股東任意召集股東會，漫無限制提出議案，干擾公司營運，甚或爭奪公司經營權，影響公司之正常營運。』是以，公司登記機關審查公司法第173條之案件，應先程序審查資格要件，符合後再就其申請事

之情事時[10]，始可裁駁，否則均當允許，不然即有主管機關過度介入公司自治之可能，亦有侵害股東權益發動之嫌。

以公司法第173條為前提基礎，則持有已發行股份過半數之股東，是否也一定須經主管機關許可？觀公司法第174條：「股東會之決議，除本法另有規定外，應有代表已發行股份總數過半數股東之出席，以出席股東表決權過半數之同意行之。」股東會決議採多數決原則，持股比例過半數之股東已可形成相當性之股東會決議，為公司意思表示；且公司法第198條董事選任之累積投票制就定足數僅須按第174條過半數即可[11]，持股過半數之股東得以自己出席定足數過半進行選任董監，掌握經營權；併企業實務上，多有未掌握董事會之控制股東，以取得監察人席次為手段，來召開股東臨時會爭奪經營權[12]；諸此由具有絕對性影響公司之過半數股東，依公司法第173-1條規定發動召集權，自行彰顯其積極性與主動性時[13]，此時是否有主管機關許可，應已無意義。

由實質審查，合先敘明。……

三、股東依公司法第173條第1、2項之規定，申請自行召集股東臨時會，其提議事項，自應以股東會得決議之範疇為限。至其理由是否允當，由公司登記主管機關本諸職權審酌之。」

[10] 例如數度請求召開、同樣事由重複請求召開、以董事會專屬決議事項為事由請求召開等。

[11] 經濟部93年8月9日經商字第09302126390號：「（要旨：選舉董監事之股東會應有已發行股份總數過半數股東出席）

按股東會係由全體股東組成之法定公司最高意思機關，其表決權之行使，依公司法第174條規定：『股東會之決議，除本法另有規定外，應有代表已發行股份總數過半數股東之出席，以出席股東表決權過半數之同意行之』（指普通決議而言）。選舉董事、監察人亦應有上述代表已發行股份總數過半數股東出席，並依同法第198條規定選任之。至於股東出席股數未達已發行股份總數過半數，致無法召開股東會選舉董事一節，公司法就此尚無明文，惟請公司宜再召集股東會選舉董事。」

[12] 林喆睿，前揭註8。

[13] 即立法者積極創造有立於股東參與公司事務之法制環境、建構完善的法律制度，讓股東可維護自身權益，透過參與股東會行使其股東權（提案權、提名權、選舉權等）以發揮對公司之影響力，此種股東對公司積極參與行為，即是所謂之「股東行動主義（Shareholder Activism）」。林喆睿，前揭註8，頁93。

　　由此出發說明持有已發行股份總數過半數之股東何以毋庸經主管機關許可，自行召集股東臨時會，較具有意義。否則，似難解釋過半數股東實可利用第173條制度卻要另闢路徑之道理。縱是公司法第173條第1項情形持股比例過半數之股東因先行請求董事會，而遭董事會半路攔截，以同意召開股東臨時會方式阻卻其請求許可召集，惟只要股東臨時會能召開，對於持股比例過半數之股東殺傷力應較輕微，控制股東尚有抗衡能力，似無一定要賦予自行召集權之必要，難以第173-1條立法理由謂「當股東持有公司已發行股份總數過半數股份時，其對公司之經營及股東會已有關鍵性之影響」一言以蔽之即可謂合理。本文仍然肯定公司法第173-1條增訂過半數股東自行召集股東臨時會之規定，於此論理上試予再行補強。

二、公司法第173-1條適用疑義

（一）第1項「繼續三個月以上持有已發行股份總數過半數股份之股東」之股東資格

1. 已發行股份總數過半數股份之股東

　　持有已發行股份過半數之股東，應不限單一股東持有，且須各股東均持有股份繼續三個月以上。又自行召集之股數，以「股份總數」作為計算標準，按民國107年11月經濟部見解認為，此股份總數包含無表決權特別股之股數在內[14]，惟於股東臨時會召開時，當就該無表決權特別股股東之股份數，按公司法第180條第1項規定不算入定足數中。對此，有學者認為，若無表決權特別股股東亦得召集股東臨時會，反之持有複數表決權

---

[14] 經濟部107年11月26日經商字第10702062910號：「（要旨：無表決權之股東仍得行使股東會召集權）
　　一、關於公司法第173條及第173-1條規定之股東會召集權，並無排除持有無表決權股東之適用，故持有無表決權之股東仍得行使股東會召集權，無表決權之股份數亦應計入已發行股份總數。
　　二、又依公司法第180條第1項規定股東會之決議，對無表決權股東之股份數，不算入已發行股份之總數，故須扣除同法第179條第2項各款無表決權之股份數。準此，公司依企業併購法第18條第3項及第27條第3項為股東會決議時，當依前揭規定辦理。」

特別股之股東，可能因擁有超過已發行股份總數過半數之表決權，但因持股數並未過半，不能召集股東臨時會，此與第173-1條「當股東持有公司已發行股份總數過半數股份時，其對公司之經營及股東會已有關鍵性之影響」之立法理由恐不相符，明顯矛盾[15]，而認應以「表決權數」作為計算標準[16]。

　　本文對上揭見解持保留態度。其一，既通說認為無表決權特別股股份數是否計入表決時之出席定足數計算，與出席權利，係屬二事[17]；按同法理，出席權、表決權以及召集權等權利，亦不能等同視之。市場派股東在選擇以公司法第173-1條規定集結持股比例過半數股東時，當然會對其集結之股份權利結構究竟是一般股、有限制表決權特別股、無表決權股或複數表決權特別股等有所瞭解（§157），而估算其於股東臨時會召開時掌握之表決權數究竟如何。承前所述，公司法第173、173-1條目的應在於「召集股東臨時會」本身，不涉及「議案表決」問題，故當無排除無表決權股股份數之需要。再者，複數表決權特別股係為「一股多表決權」，即與「一股一表決權」之普通股、「一股無表決權」之無表決權特別股相同，單位均具「一股」，立基點相同，並無何者較為特別。且縱然複數表決權特別股股東「表決權過半」，然此等股東，並非當然就是公司「多數股東」[18]，若公司法第173-1條股份總數係以「表決權數」計算，則有可能發生少數股東霸占股東臨時會召集權，似難謂公平。況且，公司發行複

---

[15] 陳彥良，股東會及經營權爭奪，方嘉麟主編，變動中的公司法制——17堂案例學會公司法，2018年10月，頁159。

[16] 林喆睿，前揭註8，頁112。

[17] 經濟部93年10月8日經商字第09300173390號函釋：「一、按公司第157條第3款、179條第2項規定之『無表決權』係指自始即無權參與表決者，不算入已發行股份總數，同法第180條第1項訂有明文；另同法第177條第2項、第178條規定之表決權係指限制表決權，即不算入已出席股東之表決權數，同法第180條第2項訂有明文。
　二、至公司法第176條係規定持有無記名股票之股東出席股東會之權利，與表決權係屬二事。」

[18] 假設已發行股份總數100%計算，若有發行「一股二表決權」複數表決權特別股時，此種特別股需發行相當於34%股份數，才會高於另一部66%之普通股表決權。

數表決權特別股係為特別情形，公司為保經營權穩定，發行數量當不會太多，以為保障複數表決權特別股股東自行召開股東臨時會，而解釋無表決權特別股應不計入公司法第173-1條「股份總數」中，恐有偏頗。是此，本文認為無表決權特別股股份數當可計入第173-1條「股份總數」計算，經濟部見解可謂連貫，茲可贊同。

另若屬法令所規定「不得享有股東權利」之股份[19]，或遭主管機關為「停止其股東權利」處分之股東[20]，因不論係股東自益權或共益權均不得行使，自不得參與第173-1條共同召集，當不得計入「股份總數」，要謂合理[21]。又若法院定暫時狀態假處分，需視聲請人聲請範圍及最後裁定主文宣告範圍，始得判斷其是否「限制召集權」，要非謂「禁止行使股東權」即可認股東自益權及共益權均皆喪失[22]，故若欲聲請定暫時狀態假處分阻卻股東集結股份超過已發行股份總數過半發動公司法第173-1條時，應就該等股份數之「召集權」聲請定暫時狀態，惟召開股東臨時後，就該等股東之表決權阻卻，應取得另一新的定暫時狀態假處分為之。

---

[19] 如公司法第167-1條第3項、證券交易法第28-2條與企業併購法第13條第2項之公司回籠股規定，以及金融控股公司法第31條第4項等。

[20] 如兩岸人民關係條例第93-1條第1項

[21] 王志誠，持股過半數股東之股東臨時會自行召集權，月旦法學教室，第194期，2018年12月，頁31-32。

[22] 最高法院95年度台上字第984號民事判決：「股東權，乃股東基於其股東之身分得對公司主張權利之地位，如表決權之行使者即所謂股東權利之一。而出席股東會者，當屬股東基於股東之身分而參與公司之治理而言，尚非有權利主張。故遭禁止行使股東權之股東及股數，仍得出席股東會，僅不得行使股東權利（如行使表決權者）而已。又經假處分不得行使股東權者，在本案訴訟判決確定前，其股東身分依然存在，且股東會之股東，依股東名簿上之記載，在尚未確定股東身分不存在前，依股東名簿所載仍為具有公司股東身分之股東，當然得出席股東會。再者，經假處分禁止行使股東權之股數，如應算入『已發行股份總數』，即應認其得出席算入出席股份數，以維法律體系解釋之一貫。否則，既認經假處分禁止行使股東權之股數，應算入『已發行股份總數』，卻又認其不得出席股東會而不算入出席數，則股東會召集所需股份數之計算即明顯失衡，使少數股東得藉假處分之方式影響出席股份數，阻礙公司股東會之召集。又經假處分禁止行使股東權者若禁止其出席股東會，可能影響公司股東會決議機制無法及時發動，造成對於公司業務不當影響，有悖於公司法制所設股東會召開與決議之公益本旨。」

2. 股東「繼續三個月」持股期間

行政院版公司法修正草案原就股東自行召集股東臨時會規定，僅要求股東持有已發行股份總數過半數即可自行召集。然在野黨、工商團體認為，若輕易降低股東臨時會門檻，會造成經營權爭奪，尤其是股市禿鷹[23]或中資藉以市場派持股優勢取得經營權，致使公司發生經常性之動盪不安，而予反對。嗣表決通過之條文採增加「期間限制」，需持有繼續三個月，始得自行召集股東臨時會，而讓公司派更戒慎經營[24]。

此三個月限制，有見解認為無須刻意增加，否則將造成股東不得不委由股務機構辦理、認定相關事宜之問題，甚至出現如何判定法人股東在持股三個月內數度進出股票是否有低於持股過半的問題，徒增行政困擾。又操作上恐須召集時提出一次持股證明，再於停止過戶時提出一次持股證明，兩次提出，顯增加股東召集程序上之麻煩，恐導致公司法第173-1條運用難度增加，難謂落實保障股東權益[25]。再者，基於現代自由經濟發展，公司經營權更迭當屬自然現象，為免妨礙經營權移轉時機，不應將所有改選董事之提案即視為敵性爭奪經營權而召開股東臨時會[26]，況股東身為公司實質所有人，持有股權過半數股東欲改變公司經營方向、汰換不適任經營者，理由實屬合理正當，應無理由阻擋，縱然現任董事認有不公平、不當解任情事時，此係為該董事是否可依法提出損害賠償之訴救濟之

---

[23] 股市禿鷹，即指在股市當中提前備足融券，再透過不同管道、媒體散播某特定企業的不利訊息（可能為不實消息），意圖使市場對該股失去信心，進而導致股價重挫而借機獲取暴利的有心人士。例如在食安風暴時，多有謠傳某食品業者遭衛生署突襲檢查、查獲不法的訊息，意圖影響其股價表現，就疑似禿鷹集團的慣用手法。參股市訊息戰的恐怖：禿鷹來襲，https://histock.tw/blog/histock1688/65。

[24] 陳連順，大同條款與敵意併購，月旦會計實務研究，第8期，2018年8月，頁62-63。

[25] 吳盈德，評析公司法增訂第173-1條之若干議題，財金法學研究，1卷3期，2018年12月，頁376。

[26] 姚志明，少數股東之股東會召集權研究，中原財經法學，第30期，2013年6月，頁37。

問題[27][28]。

　　「持股三個月」認定之行政作業程序，確實會增加公司法第173-1條操作上之困難，本文亦認如此。然，是否會發生須提出兩次持股證明，似非當然。股東自行召集權依公司法第173-1條第2項規定，持股期間及持股數之計算，以持股期間及持股數之計算，以第165條第2項或第3項停止股票過戶時之持股為準，即臨時股東會於非公開發行公司閉鎖期為開會前十五日內，公開發行公司為開會前三十日內；又第172條第2、3項規定，股東臨時會之召集，非公開發行公司應於十日前通知各股東，公開發行公司應於十五日前通知各股東；易言之，停止股票過戶時當在召集日前，則閉鎖期間為召集通知時，股權是否低於過半數，本文認為不影響股票停止過戶時持股過半數股東取得之召集權，一來第173-1條第2項已經明定認定時點，二是第173-1條並無如同第197條第3項於閉鎖期間轉讓失效之條款，故發出召集通知時是否具有過半數股權，在所不論，自當然股東僅須證明一次即「停止股票過戶時」持股達已發行股份總數過半即可。

　　惟閉鎖期間係法定發生，為召開股東臨時會最前時點，期後閉鎖期間內再為股份轉讓，應不影響停止股票過戶時認定之公司股份持股情況[29]。有認為第173-1條第2項時點認定目的，在於判斷股東自行召集股東臨時會之合法性，而停止股票過戶期間第165條規定功能，則在界定出席股東會

---

[27] 最高法院 84 年度台上字第 2644 號民事判決：「公司法第199條、第227條關於有任期之董事、監察人在任滿前因無正當理由遭解任所得請求公司賠償之損害，固未規定其賠償之範圍，但該董事、監察人於任期屆滿前，如未遭解任原可獲得之報酬，因無正當理由遭解任而未獲得，自不能謂其非因此所受之損害，依民法第216條第1項規定，自仍屬公司對該董事、監察人應負責賠償之範圍。」

[28] 林喆睿，前揭註8，頁113。

[29] 最高法院60年台上字第817號民事判例：「公司法第164條規定：『記名股票由股票持有人以背書轉讓之』，此所謂股票持有人，應包括股票名義人，及因背書而取得股票之人，又背書為記名股票轉讓之唯一方式，只須背書轉讓，受讓人即為股票之合法持有人，因此記名股票在未過戶以前，可由該股票持有人更背書轉讓他人，至同法第165條第1項所謂：『不得以其轉讓對抗公司』，係指未過戶前，不得向公司主張因背書受讓而享受開會及分派股息或紅利而言，並不包括股票持有人請求為股東名簿記載變更之權利，此觀同法條第2項而自明。」

之資格；若控制股東或多數股東集結依第173-1條召集後，旋即出脫持股或宣布退出共同召集，不僅影響召集股東臨時會之正當性，亦恐藉此操縱或控制股票市場行情，藉機謀取不當利益[30]，實不得不慎，故應規定發動第173-1條自行召集權之股東，於股東臨時會召開前，不得轉讓股份，以確保召集權合法性與正當性，本文認同。

3. 持股數與持股期間之認定與審酌？

公司法第173-1條賦予持有股權過半數股東有自行召集股東臨時會之召集權能，立法本文贊同。然第173條少數股東請求許可自行召開股東會規定尚有主管機關審酌召集權之形式與實質要件是否具備，就此第173條之1無規定，則持有已發行股份總數過半時是否即可當然發動召集股東臨時會之權利？亦或公司董事會具有其審查權？董事會是否有權要求自行召集之股東提出持股證明？如何請求？又若董事會具有審查權，是否又等同於回到第192-1條情況？諸此種種，此次107年修訂之公司法均未交代，實屬扼腕，更使公司法第173-1條於施行後之適用，變數與爭議將難以預料。

(二) 公司法第173-1條VS. 證券交易法第43-5條第4項

證券交易法第43-5條第4項：「公開收購人與其關係人於公開收購後，所持有被收購公司已發行股份總數超過該公司已發行股份總數百分之五十者，得以書面記明提議事項及理由，請求董事會召集股東臨時會，不受公司法第一百七十三條第一項規定之限制。」

持有已發行股份過半數之股東，於公司法第173-1條規定係得自行召集股東臨時會，然公開發行公司於公開收購後，按證券交易法第43-5條第4項規定，則為請求董事會召集股東臨時會；如此，造成公開發行公司「持股過半股東」就其二法規適用何者之疑義。就此，證券交易法主管機關金管會主委顧立雄表示：公司法是基本法，不論公開發行公司還是非公

---

[30] 王志誠，論股東之股東會召集權——以「公司法部分條文修正草案」第173-1條為中心，萬國法律，第217期，2018年2月，頁87。

開發行公司都適用。至於證券交易法明確訂定,「公開收購」持股過半的股東,可以請求董事會召集股東臨時會,因此只有同時符合「公開發行公司」且「公開收購持股過半」,才會有二法適用問題。況且,公司法綁定的條件是須持股三個月,證券交易法則是綁請求董事會暨不召開時仍須報經主管機關許可[31],召集要件實務上還是有差,因此符合條件的公司可依自身情況,二法自行擇一適用[32],採取法規競合說。另有學者認為,證券交易法於公司法係為特別法地位,未免公開收購人於完成公開收購後,故意不遵證券交易法規定,選擇較寬鬆之公司法自行召集股東臨時會,恐有不當,因此認為公司法第173-1條召集主體適用範圍應與限縮,將其限於單一股東及其關係人,或僅限非公開發行公司適用[33],而採取特別法優先原則。亦有學者認為,二者立論點不同,公司法第173-1條解釋上為股東共益權,而證券交易法第43-5條係著眼於企業併購等之公開發行公司之更高益行為,倘若於企業併購者公開收購取得被收購公司逾50%股份時,無法當下撤換原有經營者,將使企業併購意願降低,無法達成有利企業以併購進行組織調整,發揮企業經營效率之目的[34],二者內涵本質並不相同,故認此時應原則上先行適用證券交易法,例外於二法條要件皆具備時,得自由選擇適用,結論同法規競合說[35]。

　　嗣金管會107年7月31日新聞稿發布,預告刪除證券交易法第43-5條持股過半之公開收購人及其關係人得請求董事會召集股東會之規定,理由在於:公司法新增第173-1條第1項規定,繼續三個月以上持有已發行股份總數過半數股份之股東,得自行召集股東臨時會。故繼續三個月以上持有已發行股份總數過半數股份之股東,得自行召集股東臨時會,無須透過董事

---

[31] 仍須受公司法第173條第2項拘束。

[32] 中央社,大同條款爭議,顧立雄:朝向與公司法一致,2018年7月10日,https://www.cna.com.tw/news/afe/201807100362.aspx。

[33] 王志誠,前揭註21,頁34;吳盈德,前揭註25,頁375。

[34] 企業併購法第1條暨其立法目的。

[35] 陳彥良,持股過半股東會召集股東會相關問題,月旦法學教室,第192期,2018年10月,頁23-24。

會為之。現行證券交易法第43-5條第4項規定：「公開收購人與其關係人於公開收購後，所持有被收購公司已發行股份總數超過該公司已發行股份總數百分之五十者，得以書面記明提議事項及理由，請求董事會召集股東臨時會，不受公司法第一百七十三條第一項規定之限制。」又本條第4項並未規定董事會如不召集股東臨時會時之後續相關程序。因此，若保留證券交易法第43-5條第4項規定，實務上運用恐仍有困擾，且為避免外界對於本條第4項與公司法第173-1條適用順序先後產生疑義，爰刪除之[36]。

　　由前揭見解以及金管會新聞稿之預告修正可知，似乎多數認為公司法第173-1條較證券交易法第43-5條有利持股過半數股東，本文認屬相同。然而貿然刪除證券交易法之規定是否妥適？本文認為恐不盡然。承如前文，證券交易法第43-5條第4項已排除公司法第173條第1項繼續持股一年之限制，而於請求被收購公司董事會召集股東臨時會提出後十五日內不為召集時，得報請主管機關許可自行召集，主管機關審查除有召集不合法情事時，基於企業併購法之目的，准予召開股東臨時會，行政速度上，並非當然就比公司法第173-1條慢。再者，敵意併購時，被收購公司與收購公司間為爭奪經營權，利益衝突甚鉅，有見解認為，公司法第173-1條與證券交易法第43-5條間應有相當配合情況是「當請求董事會召集」以保障執行業務董事會之股東會召集權限，於證券交易法上，也能由收購公司請求被收購公司董事會召開股東臨時會之期間，被收購公司予以決定是否防禦其收購。於此說來，相對性之配合，應是公司法第173-1條欠缺「請求董事會召集」要件[37]，而應將證券交易法第43-5條第4項就須經報請主管機

---

[36] 金管會，配合立法院三讀通過公司法修正條文，金管會預告修正證券交易法相關規定新聞稿，2018年7月31日，https://www.fsc.gov.tw/ch/home.jsp?id=96&parentpath=0,2&mcustomize=news_view.jsp&dataserno=201807310004&aplistdn=ou=news,ou=multisite,ou=chinese,ou=ap_root,o=fsc,c=tw&dtable=News。

[37] 陳連順，大同條款與敵意併購，月旦會計實務研究，第8期，2018年8月，頁63；劉連煜，敵意併購目標公司董事的受任人（受託）義務——以開發金控併購金鼎證券為例，政大法學評論，第125期，2012年2月，頁1-53；工商時報，大同條款競合學者：二擇一無疑義，2018年7月9日，https://m.ctee.com.tw/dailynews/20180709/a05aa5/907701。

關許可之要件予以刪除，茲以區隔是基於「公開收購」及「企業併購」或者單純集結持股之過半數之適用，即自無當然刪除證券交易法之必要，反而相對健全持股過半數股東召集股東臨時會之權利。

參、結論

　　公司法第173條少數股東許可自行召集股東臨時會規定，於少數股東請求董事會召集而不為召集，或有特殊情事致董事會不為召集或不能召集時，於其報經主管機關許可召集時，主管機關就其程序要件為形式審查，而就其召集理由實質審查範圍於其有相當不必要、不妥當情事時，始可駁回，否則應當允許其召集股東臨時會。如此，持有過半數股東似乎沒有別另立公司法第173-1條適用之必要，雖增訂之立法理由謂「當股東持有公司已發行股份總數過半數股份時，其對公司之經營及股東會已有關鍵性之影響」然而此似無法具體說明持有過半數股權之股東何以運用第173條就無法達成第173-1條所希望達到之目的。是此，足見公司法第173-1條所規定之持股過半股東得自行召集股東臨時會之規定係屬於具有我國特色之股東行動主義之彰顯[38]，基於控制股東公司實質所有人地位，落實股東行動主義，此時已無庸如同公司法第173條需報經主管機關許可之必要，而另以其規定允許召集股東臨時會之。

　　然而，對於現行增訂之大同條款適用解釋上，其實無需以持股期間作為要件，此觀證券交易法第43-5條並無要求持股期間，即可明確。但按公司法第171條規定，股東會之召開，係由董事會召集，持股過半數股東依公司法第173-1條自行召集股東臨時會，恐侵害公司業務執行機關董事會之權限，故就公司法第173-1條規定似應增訂請求董事會限其召集而不為召集時，始得自行召集之；畢竟若按公司法第173條規定請求董事會十五日內為回應，也不比須持股三個月之時間為長，是此未來立法是否需再調

---

[38] 林喆睿，前揭註8，頁116。

整公司法第173-1條規定,刪除持股三個月限制,暨增訂仍需請求董事會召開等情,除學者探討外,亦尚須觀查該條文施行後續適用情形。

再者,是否因公司法第173-1條之增訂,就當然必須刪除證券交易法第43-5條第4項,本文採否定見解,理由在於兩者規範情形不同,證券交易法第43-5條第4項係於公開收購情形時,無規定持股期間限制,即可因持股過半數請求董事會召開股東臨時會,規定適用上並非當然不利於公司法第173-1條,立法是否確定刪除,於證券交易法目前全面討論修正期間,本文認為尚待確認。

11
論表決權拘束契約與表決權信託之行使與問題

朱雅雯

壹、前言

107年7月6日立法院三讀通過公司法新修法條文，新增公司法第175-1條：「股東得以書面契約約定共同行使股東表決權之方式，亦得成立股東表決權信託，由受託人依書面信託契約之約定行使其股東表決權（第1項）。股東非將前項書面信託契約、股東姓名或名稱、事務所、住所或居所與移轉股東表決權信託之股份總數、種類及數量於股東常會開會三十日前，或股東臨時會開會十五日前送交公司辦理登記，不得以其成立股東表決權信託對抗公司（第2項）。前二項規定，於公開發行股票之公司，不適用之（第3項）。」

除原有的企業併購法第10條公司於企業併購時得以表決權拘束契約或是表決權信託行使其表決權，公司法第369-7條於閉鎖性股份有限公司時，亦有相同之規定，本次公司法修正跨大表決權拘束契約與表決權信託使用對象，將過去實務見解普遍認為無效的表決權拘束契約明文於公司法中，使理念相同之股東得匯聚其表決權進而對公司為實質有效之影響。

本文試將表決權拘束契約與表決權信託分而論之，並討論我國於適用上可能會發生之問題。

貳、表決權拘束契約

一、表決權拘束契約之意義與功能

　　表決權拘束契約（voting agreements），係公司中參與者為了能積極投入公司經營，而與其他股東所簽訂之契約，針對表決權行使方向相互約定遵守之情形。申言之，表決權拘束契約乃股東基於支配公司之目的，自覺僅以自己所持有之表決權將無濟於事，而以契約結合多數股東之表決權，希望能透過股東會之決議達成支配公司所運用之策略。

二、表決權拘束契約於國內實務效力

　　最高法院對於股東選舉董事之表決權拘束多採否定見解，其以公司法上公平選舉作為欲維護之公共福祉，而否認表決權拘束契約之有效性[1]；部分見解則肯定股東應可自由決定如何行使表決權[2]。

　　股東對於自己持有股份之表決權行使本享有充分的自由決定權，且表決權本身具有財產權的性質，故依契約自由之原則，若其目的不違反法律

---

[1] 最高法院70年度台上字第4500號判決、96年度台上字第134號判決：「表決權拘束契約，係指股東與他股東約定，於一般的或特定的場合，就自己持有股份之表決權，為一定方向之行使所締結之契約而言。此項契約乃股東基於支配公司之目的，自付僅以持有之表決權無濟於事，而以契約結合多數股東之表決權，冀能透過股東會或董事會之決議，以達成支配公司所運用之策略。若股東間得於事前訂立表決權拘束契約，則公司易為少數大股東所把持，對於小股東甚不公平，並導致選舉董事前有威脅、利誘不法情事發生，更易使有野心之股東，以不正當手段締結此種契約，達其操縱公司之目的，不特與公司法有關股東會或董事會決議規定之原意相左，且與公序良俗有違，自應解為無效」

[2] 臺灣臺北地方法院103年度金字第104號民事判決：「股東對於所持之股份之表決權如何行使，自應享有充分自由，除其行使目的之有為強制禁止規定或公序良俗外，不能擅加干涉。……股東間之表決權行使協議，與股東為支持特定人擔任董間所謂徵求股東委託書之情況，實質意義相近，現行公司法制既承認委託書徵求制度（參公司法第177條、證券交易法第25-1條），即無由一概否定股東間表決權協議之效力，否則將生法制內衝突。」

強行規定或公序良俗，使數股東於事先約定表決權行使之方向應無不合法之餘地。實務認為表決權拘束契約有違反公序良俗之虞，惟表決權拘束契約並未改變每位股東依其股份所擁有之表決權數，此與公司法上「追求股份之公平」，「而非各股東間之公平」的理念無違。況且股東間之表決權約定，並不當然發生選舉董事前有威脅、利誘不法之情事發生，亦未必係以不正當手段締結此種契約達操縱公司之目的，如果不違反法律強行規定或公序良俗，在尊重私人自由經營企業、促進公司即所有股東之利益、契約自由原則，應肯認股東得事先約定表決權行使方向。

三、表決權拘束契約適用對象

表決權拘束契約之對象是否限制為股東之間？即表決權拘束契約之對象係限制於股東間就股東會決議事項之表決權拘束契約或董事間就董事長或常務董事或董事職可表決事項之表決權拘束契約？若依本條規定之體系位置觀之，應僅限於股東間就股東會決議事項為標的，而董事間暫無表決權拘束契約適用之可能。則其可約定之事項是否應有所限制？即股東間就董事、監事選舉之表決權拘束契約或股東間就股東會所有議案的表決權拘束契約。

四、表決權拘束契約是否具有永久拘束力

表決權拘束契約之效力應係單次或長期永久？以彰銀案為例[3]，彰銀

---

[3] 彰銀於94年6月間以私募公開競標方式，辦理現金增資，發行14億特別股。財政部當時為彰銀最大股東，為吸引潛在投資人參與投標完成增資案，以94年7月5日新聞稿及同年7月21日函覆彰銀表示：「本部同意於增資完成後，經營管理權移由該策略投資人主導，並同意配合辦理事項如下：（一）董事、監察人席次方面：在董事、監察人正式改選時，本部同意支持得標投資人取得十五席董事席次中之八席（內含常務董事三席）此五席監察人中之三席（內含常駐監察人）。另在正式改選董事監察人前，為使得標投資人能夠參與董事會，以瞭解彰化銀行之管理經營並維護其相關權益，本部目前公股董事席次中，提供二席由得標投資人推薦人選，其中包含一席常務董事；監察人席次中，提供一席由得標投資人推薦。（二）公股釋出部分：1.本部目前持有彰銀股份7億5,712萬460股（15.27%），如得標投資人嗣後有意取得本部之持股，除於徵得立法院同意參考市價以適當的格出售於得標投資人外，原則

於94年6月間以私募公開競標方式，辦理現金增資，發行14億特別股。財政部當時為彰銀最大股東，為吸引潛在投資人參與投標完成增資案，以94年7月5日新聞稿及同年7月21日函覆彰銀表示：「……董事、監察人席次方面：在董事、監察人正式改選時，本部同意支持得標投資人取得十五席董事席次中之八席（內含常務董事三席）此五席監察人中之三席（內含常駐監察人）。另在正式改選董事監察人前，為使得標投資人能夠參與董事會，以瞭解彰化銀行之管理經營並維護其相關權益，本部目前公股董事席次中，提供二席由得標投資人推薦人選，其中包含一席常務董事；監察人席次中，提供一席由得標投資人推薦。……」其後，台新金融控股股份有限公司（下稱「台新金控」）以365億元得標，取得彰銀22.5%之股權。財政部於97年以及100年於彰銀股東會董監選舉中，與台新金控達成共同配票之協議，台新金控取得彰銀董監過半數席次。但於103年彰銀股東會董監選舉時，財政部與台新金控未能達成共同配票之協議，台新金控於該次選舉未能取得彰銀董監過半數席次，因此台新金控喪失對彰銀之經營權。台新金控遂提起確認之訴，請求確認兩造間關於「財政部應移轉彰銀之經營權予台新金控，使台新金控主導彰銀之經營管理」及「財政部應支持台新金控指派之代表人當選彰銀全體董事席次過半數之普通董事席次」之契約關係存在。則本件屬永久效力或單次拘束力則不無疑問。高等法院最後認為縱本件係表決權拘束契約，兩造當事人基於財政部係爭新聞稿及函覆而成立契約，應為一時性契約而非繼續性無期限之契約。本文亦肯認該契約應為單次性拘束契約，否則無異使單次契約永久架空公司掌控權，且雖從前學說（或現在公司法第175-1條之規定）承認表決權拘束契約，惟就其性質、目的與存續期間應有更明確之規範，特別是表決權拘束契約之內容如有強制排他之效果或股份和表決權長期分離等非常態的情況，對

上將於公開市場分散出售，且每次出售時任一購買人之取得數量不超過百分之一。至於其他相關公股部分，將協調參考辦理。2.本部持股未出售前，如得標人仍為最大股東者，本部將不改變由最大股東主導該行經營權之政策。（三）未來彰化銀行之經營，在合法且不損害全體股東權益之前提下，本部將支持得標投資人於董事會中所贊成之決策或提案（如改善財務結構或資產品質之現金增資案）。」

於公司治理亦非有利，應面臨較嚴格之審查。

五、違反表決權拘束契約之效果

在德國，亦肯認表決權拘束契約存在，但是其僅有債法之效力，即股東違反表決權拘束契約內容為表決時，不影響其表決權行使之效力。再者德國在法令上有特殊限制，禁止簽訂必須依公司董事會或監事會指示投票之表決權拘束契約，簽訂此種表決權拘束契約無效，因此違反權力分立。[4]

日本公司法雖無明文規定，但在實務上一般認為表決權拘束契約有效，然而其否認長時間拘束之效力，其他表決權拘束契約除違反公序良俗或公司法精神，表決權拘束契約作為當事人間之債權契約應為有效[5]。

違反表決權拘束契約之效力為何？即表決權數契約之效力係回歸債之相對性或章程之效力？本條之規定與公司法第356-9條規定同，皆承認以書面契約約定表決權拘束契約與表決權信託契約，此即堅守契約法上之契約相對性原則，而不能逕以章程方式進行。即若股東違反表決權拘束契約內容行使表決權，該表決權行為仍然有效，不影響股東會決議之影響，僅生違反契約損害賠償責任債之效力。

參、表決權信託

一、表決權信託之意義與功能

所謂表決權信託（voting trust）係由股東將有表決權之股份（voting shares）移轉並登記予一名或數名表決權受託人（voting trustee）持有，記

---

[4] 郭大維，論股東表決權拘束契約——評最高法院96年度台上字第134號民事判決，裁判時報，2001年8月，頁52；陳彥良，經營權協議與表決權拘束契約，月旦法學教室，2016年11月，頁25。

[5] 陳彥良，前揭註3。

載於公司股東名冊上，使表決權受託人成為公司登記名義之股東，受託人依據信託本旨行使表決權，直到該信託目的已實現或屆滿一定期間而終止；而該委託股東即成為股份之受益所有人（beneficial owner），仍享有股利分派請求權或剩餘財產分派之權利[6]，因此除了表決權以外之所有的權利，仍保留在實質所有權人手中。受託人與受益人彼此間以表決權信託證書（voting trust certificates）作為原始股票交付信託之交換，以證明委託股東對股票享有財產上之權利。此外，表決權信託證書係可自由轉讓之有價證券，委託股東若欲轉讓該委託股票時，轉讓方式同轉讓股票之方式。

　　表決權信託，顧名思義本質仍為信託的一種，係委託股東將股票之表決權限與所有權分離，這種方式與傳統公司法認為表決權係附屬於股份而存在，非一項獨立權利之基本原則相違，因此表決權信託在早期普通法是不被承認的[7]，不過美國法院嗣後已變更見解，在無任何不合法之目的存在之情形下，原則上仍傾向承認表決權信託之效力，除非能夠證明該表決權信託於設立當時有任何不適當之目的或動機，始可推翻其效力。

　　管見表決權信託實質上應為「以行使表決權為目的之股份信託」，即其仍為股份信託，將股份信託予受託人，該委託股東仍享有該股份上股東表決權以外利益，如財產上分配利益、股東權之共益權等，由受託人行使

6　劉連煜，表決權拘束契約與表決權信託，月旦法學教室，第13期，2003年，頁26。

7　美國法院早期對表決權信託之態度，是極力反對的，從1890年Shepaug Voting Trust著名案例與1904年Warren v. Pim判決等等，一律認為「任何欲永久將股票表決權與所有權分離之協議，均為無效。」另外，1892年Standard Oil trust為認定表決權信託無效之重要案例，從該案例中可以得知，認為「不論表決權信託之內容為何，就表決權信託本身而言，即是違法的（illegal per se），與其設立之目的無關。」此見解乃係基於表決權信託將股票之表決權與所有權相分離，是與公司法原則相違背的，隨後美國各州之判例法對表決權信託之效力，紛紛表示一致之見解，其中紐澤西州的衡平法院在1911年更進一步表達，認為將表決權自股票所有權中分離之協議，是「嚴重違反（gross violation）」公共政策，於早期大部分之學說均同意紐澤西法院之評價，此意謂著認為表決權利係不可轉讓之權利，並非是一項獨立的權利，而是附屬於股票之權利，是用來保護股票衡平法上所有權人之利益，不是為局外人之利益而存在的。

該股份之表決權。股東之權利係因股份而存在，股東權彰顯於股份之上，兩者不可分離，故表決權信託應稱為股份信託，因表決權係不可分離股份而單獨存在之權利。

信託關係將所有權與管理權分離、信託財產獨立性、免於受託人破產風險等特徵，與大陸體系下的委任、代理並不相同[8]。而信託關係多涉及委託人與受託人間意思合致，方由受託人為受益人之利益管理或處分信託財產，實質上具有契約的特性。而表決權信託為任意信託、積極信託、自益信託、管理信託。

表決權信託此制度最大的功用，乃是將個別股東之表決權集中於一人或數人手中的一種控制手段，亦是股東間一項正式的協議，主要目的係為獲取公司經營權之控制、使政策得以連貫及穩定、心目中之董事候選人能順利當選為公司董事之一等等，乃試圖結合並得支配一人以上股東之表決權，期以達特定合法之目的。

二、成立要件與消滅

我國關於表決權信託之要件，僅規定應以書面為之（企業併購法第10條第2項、公司法第356-9條、新增公司法第175-1條皆要求書面要式）、受託人對象限制（公司法第356-9條第2項規定，受託人僅限於公司股東；企併法第10條法第2項亦規定受託人為信託公司或兼營信託業務之金融機構）及登記對抗要件（企業併購法第10條第3項、公司法第356-9條第3項、新增公司法第175-1條第2項皆要求書面要式、信託法第4條第3項）。即公司法新法之要件僅規定需以書面為之，委託人之對象等其他要件不

---

[8] 經濟部104年12月29日經商字第10402137390號函：「依公司法第356-9條第1、3項規定：『股東……亦得成立股東表決權信託，由受託人依書面信託契約之約定行使其股東表決權。』、『股東非將第一項書面信託契約、股東姓名或名稱、事務所、住所或居所與移轉股東表決權信託之股份總數、種類及數量於股東會五日前送交公司辦理登記，不得以其成立股東表決權信託對抗公司。』表決權信託，性質上為信託行為，因此，股東成立表決權信託時，必須將其股份移轉與受託人，並由受託人依書面信託契約之約定行使其股東表決權。受託人係以自己名義行使表決權，非代理委託股東行使表決權，併予釐清。」

明，係屬立法疏漏或有意忽略則不無疑問。

　　相較於表決權信託制度較為成熟的美國，我國尚未就表決權信託為詳細的要件規範，本文參照美國法各州對於表決權信託常見的要件整理如下[9]：1.表決權信託契約之存續期間不得超過十年；2.表決權信託契約須以書面為之：表決權信託關係之成立通常須由委託人，即股東與表決權受託人共同簽訂一份書面的表決權信託契約，並於契約中詳細記載移轉予表決權受託人之股份數量與種類、各項關於表決權信託之條款，諸如表決權信託之目的、存續期間，以及表決權受託人之權利與義務等等。3.信託目的本質上須適當；4.契約複本須交付予總公司並歸檔；5.表決權信託目的尚有實現之可能，例如：(1)保護債權；(2)維持對公司之控制，免於為少數人所壟斷；(3)保證公司得為專業之管理經營；(4)於公司破產或面臨財政困難時，幫助公司進行重整計畫；(5)協助籌措資金階段，為了穩定管理部門人事流動；(6)訂定對公司有益之確切計畫或政策，並確保穩定與管理經營之一貫性；(7)防止競爭對手干涉公司內部經營，或取得對公司之控制；(8)於董事選舉時，將表決權交至公正第三人手中，按比例分配代表權與保護少數人之利益；(9)於公司進行合營、合併或其他商業交易時，儘管公司之前任經營者與選舉人處於少數之地位，亦能確保其擁有部分代表權；(10)確保公司經營得以穩定與政策之連貫性；(11)於公司面對諸如金融海嘯，或公司重整等巨大壓力期間，仍得以設法維持一個穩定與重要之經營決策；(12)保證公司「將來」債權人，使其投資能受到一定程度之保障；6.不違反制定法或普通法之規定；7.開放式的表決權信託；8.保障股東與表決權證書持有人之查閱權；9.表決權受託人須發行表決權信託證書：表決權受託人通常會發行證書予表決權信託之參與人，藉以表明其股份係交付由表決權受託人所持有，並證明其對股份仍有財產上之權利。美國某些州之法律強制表決權受託人須發行表決權信託證書，反之有些州則認為表決權信託證書之發行，乃非強制性，得由表決權受託人自行

---

[9] 整理自賴佳柔，表決權信託之意義與其在實務運作之研究，中國文化大學法律學研究所碩士論文，2009年，頁43。

衡量決定是否發行。於大多數之表決權信託契約中，皆約定表決權受託人須發行證書予委託股東，因該證書係為參與股東對信託股票享有利益一項重要的有形證據，另一方面同時考量便利股票之市場流通，使委託股東將股票交付信託後，仍易於移轉其所享有之權利，也就是說表決權信託證書係可轉讓之證書，其轉讓方式如同轉讓股票一樣。依我國證券交易法第6條，既然表決權信託證書係表彰利益分配的證券，又實際上代表的是持有公司之股份，應可認定其為表明公司股份權利之證書，視為有價證券之一種，如此始得以規範表決權信託證書之相關問題。

表決權信託另外一個特殊之處，是其屬暫時性且是不可任意撤回的信託，舉凡規範表決權信託之法律皆設有存續期間之限制，在信託目的達成或已無法實現前，非經所有當事人同意，不得任意撤回之。

三、表決權受託人之權限、義務與資格

股東通常對選任、解任董事、修改章程、修改細則、公司重大事項之決定（例如出售全部資產、合併、分割、解散等）以及股東提案享有表決權，股東所享有之表決權重要功能係讓股東發聲，表達對特定事項之看法，並得自股票市場中集合眾多股東之表決權，成為監督經營階層之手段。因此，表決權既然是表達股東之集體意志，當然僅能於股東會中行使之。

針對特別事項進行投票表決權信託契約中，對於表決權受託人的表決權限所作之相關規範，應是明確且具體，而其通常授權方式，乃以概括的方式賦予表決權限予表決權受託人，該「表決權限」係謂股東能在任何股東會議上行使之權限。既係以概括方式授權，那麼表決權受託人是否能對公司之特別事項進行投票，則均取決於所應適用的法規與對表決權信託契約的解釋，由此可推斷，表決權受託人不能夠在有違信託本旨之情事下行使表決權。表決權受託人之行為職責，皆受到受託人義務之拘束，表決權受託人不能對於會使受信託股票產生不利影響、銷售公司資產或解散公司等公司重大事項進行投票。

如同所有信託關係之受託人一樣，表決權受託人應給予表決權證書

持有人一個絕對的忠實義務（a duty of strict loyalty）與一定標準之注意義務（duty of care）。一般而言，表決權受託人應：1.為表決權信託關係中受益人之最大利益來管理信託。受益人係謂將其股份交付信託之股東（depositing shareholders）或表決權信託證書之持有人；2.當表決權信託證書持有人係由一項種類以上股東所構成時，即表決權受託人係代表著不同種類之股東時，那麼表決權受託人對於其自身行為之要求，則不能偏袒某一方，以致另一方受損害；3.表決權受託人不能運用其權限來獲取私益，更不得損害到部分或所有的受益人。上述第1項與第2項，係指表決權受託人之注意義務（duty of care）即我國信託法第22條之明文。至於上述第3項則係指表決權受託人之忠實義務（duty of loyalty），係指表決權受託人應依信託目的管理信託財產，係不能將自己利益衝突置身於信託財產義務之中。我國信託法針對忠實義務並未設有明文之規定，但若從信託法第34條前段之規定：「受託人不得以任何名義，享有信託利益。」以及第35條第1項本文規定：「受託人不得將信託財產轉為自有財產，或於該信託財產上設定或取得權利。」由此得知，可合理推斷出表決權受託人應負有忠實義務。

若表決權信託契約所指定之表決權受託人的人數多於一人時，又該數名表決權受託人對於公司之議決事項如何進行投票有意見不一，應如何行使其表決權？當表決權信託契約指定之表決權受託人人數大於一人者，契約應先行建立一套表決程序，例如以過半數表決權受託人之意見為主，決定如何行使因信託所持有的股份表決權。若數名表決權受託人間發生僵局無法形成共識時，應遵循何種程序以化解僵局？通常透過兩種方法，其一係規定由表決權受託人將表決權公平地分配予每位表決權受託人，其二則是得請求法院指定一名獨立的第三人居中協調以打破此僵局。

關於表決權受託人之資格，誠如上述，我國於新修正公司法中並無限制，應與閉鎖性股份有限公司相同將受託人限制於公司股東，或依企併法規定限於信託公司或兼營信託業務之金融機構，不無疑問。

於美國法上，表決權受託人得由公司股東、董事與公司之債權人擔任，以公司董事擔任表決權受託人為例，就董監事選舉議案部分，表決權

受託人得選舉自己當選董監事席次，即不須迴避，仍得一致行使其他委託股東所授權之表決權限；惟就其他議案部分，若被指定擔任表決權受託人之董事，同時身兼公司股東時，依公司法第178條規定，該名表決權受託人須迴避之，不得參與該次議案之表決，亦不得行使委託股東交付信託之股份表決權；然若被指定擔任表決權受託人之董事，未具公司股東之資格，原本公司法之設計，該名董事本無權參與表決股東會之議決事項，即不在上述條文規定之範疇內。依據上述法理推知，股東會議決事項若係對於表決權受託人自身有利害關係，以致有侵害公司利益之虞時，已難以期待表決權受託人能為委託股東之最大利益並公正行使交付信託之股份表決權，因此認為於此情形下亦須迴避之，故不得針對此項議案行使基於信託所持有之股份表決權；若有複數以上之表決權受委託人似乎可解決須迴避而不能行使表決權之問題，進而確實達到匯集股東表決權進而實質影響公司經營之目的。

　　本條雖未規定受託表決權人之資格，惟參見本條之立法理由[10]可知，表決權信託係為匯聚具有相同理念之少數股東，以共同行使表決權方式達到所需要之表決權數，進而影響公司經營，類推公司法第356-9條規定受託人限於公司股東。

四、表決權信託實務運用之問題

　　表決權信託制度主要之缺點，如上述須嚴格遵守表決權信託法定要件、選定表決權受託人及授權範圍之問題、表決權信託設有存續期間限制，以及委託人所可能面臨之各種風險，包括受託人未善盡注意義務或於其授權範圍內謀取私益，而表決權信託制度在我國之實務操作下，所面臨到最大的問題即係現行法規範之不足。

　　對於表決權受託人違反信託本旨、未善盡應盡之注意義務或於權限範

---

[10] 公司法第175-1條之立法理由：「為使非公開發行股票公司之股東，得以協議或信託之方式，匯聚具有相同理念之少數股東，以共同行使表決權方式，達到所需要之表決權數，爰參酌修正條文第三百五十六條之九第一項有關閉鎖性股份有限公司之規定，於第一項明定公司股東得訂立表決權拘束契約及表決權信託契約。」

圍內謀取私益時，公司法及企業併購法等相關法規並未規定委託股東之救
濟手段，似應回歸信託法之規定。

肆、表決權拘束契約與表決權信託之異同

　　表決權拘束契約與表決權信託最大的不同在於，前者雖然形式上仍保
有股票的所有權及表決權，但實際上簽屬合約之股東需依照表決權拘束契
約之約定行使表決權；至於後者，股份之所有權已移轉於受託人，其表決
權依信託本質，由受託人行使表決權事務。

　　表決權拘束契約係指多數股東間，基於共同之目的，以結合多數表
決權以便採取一致行為而圖有效地支配公司政策、人事為目的之契約或數
個契約。表決權拘束契約不同於表決權信託之處在於，雖從表決權拘束契
約當事人之約定內容來看，股東已無法隨其意願自由行使其表決權，似乎
已實質將「表決權」此項權利讓與出去，但契約之當事人實際上仍保有該
股票的法律上所有權與股票之持有關係，僅行使表決權受到契約內容之拘
束，須與其他契約當事人採取一致之行為，不得依據自由意願為投票行
為，即表決權之行使仍握在股東本人手中；表決權信託則係委託股東將股
票之法律上所有權移轉予表決權受託人，表決權受託人依據表決權信託契
約來行使表決權，是為股票的法律上所有權人，而委託股東已非公司股東
名冊上之登記股東，仍享有除了表決權限以外之股東權利，即於表決權信
託中，真正擁有行使表決權限之人係表決權受託人，非委託股東本身。

　　兩者關於存續期間之限制在美國法上也有所不同，美國法對於表決權
拘束契約並未限制契約之存續期間，反觀對表決權信託契約則明文限制存
續期間不得超過十年，但得依規定訂立展期契約來延長信託契約之存續期
間；之所以會有此項差別，最大原因係在於兩者間最主要之不同，表決權
拘束契約中，股東之表決權限仍掌握在股東本人手中，法律賦予股東最重
要的保護，使其對公司相關議案享有表決權，而於表決權信託契約中，委
託股東已將其表決權限授權賦予由表決權受託人行使，從某層面來說，已

剝奪股東最重要的權限，因此法律在表決權信託有更為嚴格之規定。對照我國現行規範表決權拘束契約與表決權信託契約之法律，不論對於表決權拘束契約抑或表決權信託契約，皆無限制存續期間之任何規定，如此可能使少數有心人士利用法律規範上之不足，而企圖長久持有他人之表決權以掌握公司之經營，故我國規範似乎過於簡略。

伍、結論

本次修法除肯認這兩者之效力外，對於表決權拘束契約、表決權信託規範仍有諸多不足，關於存續期間未如美國法制設有期限之限制、就其背後目的何種為適當合法、何種為無效、最重要之法定構成要件為何，不管於我國或外國立法例中皆無法提供一套判斷標準。惟表決權拘束契約於德國有明確之法律規定，於日本也有相當之實務累積；表決權信託制度於美國已發展相當健全，反觀我國現今法條漏未規定，接下來勢必引發使用、解釋上之爭議。

12 未設置董事會公司規範之評析

吳姮

壹、前言

我國新修正公司法第192條第2項規定：「公司董事會，設置董事不得少於三人，由股東會就有行為能力之人選任之。公司得依章程規定不設董事會，置董事一人或二人。置董事一人者，以其為董事長，董事會之職權並由該董事行使，不適用本法有關董事會之規定；置董事二人者，準用本法有關董事會之規定。」本條規定在新修法後賦予公司不設置董事會之自由，在公司自理精神下，公司得以依據其需求而決定是否設置董事會，或僅單純設置一人或二人董事之職位。而從公司是否設置董事會，可將公司分為「設置董事會公司」及「未設置董事會公司」二種類型。在本條修正下，未設置董事會公司之「董事」，其在公司組織之地位由「董事會構成員」提升成為公司機關。

此規範之修正賦予設置董事會之自由，值得贊同，惟深入剖析本條文字規範用詞及規範模式，不難發現未設置董事會公司中董事在行使職權及實務運作上將產生問題，是以本文就未設置董事會公司之董事職權內容及行使方式之規範，探討本條修正後之規範是否恰當，又鑒於與我國公司法有相同公司組織架構規範之日本公司法，亦有未設置董事會公司之規範，因此本文亦藉由日本未設置董事會公司規範之介紹，給予我國未來規範修正之建議。

貳、董事地位之變遷

　　過去我國股份有限公司法制係以董事個人作為獨立業務執行機關，以及以董事長作為代表機關[1]，民國55年公司法修正導入美國公司法制度後，以董事會為業務執行機關之設計，董事成為董事會構成員而不是公司機關[2]。然此種強制公司至少選任3名董事構成董事會之規範，造成多數規模中小型公司之困擾，實務上出現為符合法規而設置的空頭董事，造成法規範與實務相違背之情況，因此學界多有提倡放寬董事人數限制之意見，建議公司法應賦予公司不設置董事會之自由。

　　因此在此次公司法修正下，放寬公司設置董事會之限制，公司得不設置董事會，而僅設置董事一人或二人，此種未設置董事會公司之型態中，董事自身成為公司業務執行機關，具有公司機關地位並負擔起機關責任。而在設置董事會公司中，因董事仍只是董事會構成員之一，公司仍以董事會作為公司業務執行機關，僅有董事會具公司機關地位。

---

[1] 參考民國35年4月12日公布施行之公司法第192條規定：「董事在職權上須集體行動時，得組織董事會。」由本條可知過去是以董事作為公司業務執行機關，僅在必要時才得以組織董事會進行業務行為。又參考35年公布之公司法第193條：「公司得依章程由董事互推一人為董事長，一人或數人為常務董事，代表公司。」雖公司法有規範董事長之職位，惟董事長非為必要設置機關，故除章程規定外，原則上應由董事對外代表公司，因此由此二條之規範可知，在過去我國公司法之公司組織架構規範中，董事本身為業務執行機關及代表機關。

[2] 參考民國55年7月19日公布施行之公司法第192條：「公司董事會，設置董事不得少於三人，由股東會就有行為能力之股東中選任之。」公司法修正後，董事會成為必要設置機關，公司業務執行僅由董事會為之，董事僅為董事會之構成員之一。

參、董事之職權範圍及行使

一、條文規範方式及問題

　　新修正公司法對於董事一人、二人係採用分別規定之立法方式。公司法第192條:「置董事一人者,以其為董事長,董事會之職權並由該董事行使,不適用本法有關董事會之規定;置董事二人者,準用本法有關董事會之規定。」前者對於設置董事一人時,直接於條文中明文規範之方式,將董事之職權以及職權行使方式作明確規範,而在設置董事二人之規範上,則採用不同之立法方式,改以準用之方式,準用公司法中關於董事會之規範。

　　此種立法方式是有所疑問的,董事一人與董事二人除人數差異外,是否尚有其他差別致使採用分別規範方式,為何董事一人之情況無法以準用方式準用董事會規範?單純就人數上面觀察,董事二人與由三人組成之董事會相同,皆為複數人數,因此似有準用之可能,而一人董事則因其非複數而無法準用,故僅得採用直接明文規範之方式規範其職權內容及職權行使方式,如此一來似有單獨明定董事一人之必要。

　　然繼續深入觀察人數及規範方式之問題,在董事二人可以準用董事會規範之立法方式下,在本質上受到質疑,即董事會係由三位以上董事組成之「會議體」,因此在董事會之人數要求上至少需達到三人方能組成「會議」[3],並以會議體之形式進行討論,而在董事僅有二人時,二位董事只能進行對談(對話)而完全無法形成會議體,既然董事二人無法成為會議體,則規範準用董事會之方式從本質上來看是有疑問的。此外,從另一個角度來看,既然「非會議體」的二人董事可以準用「會議體」董事會之規範,則同樣屬於「非會議體」的一人董事為何不能準用?

---

[3] 公司法192條明文規範董事會之最低人數「公司董事會,設置董事不得少於三人」,因此在設置董事二人之公司,該二名董事不得組成董事會進行活動,此外從董事會之人數最低要求可知,當公司設置三名董事時,該三名董事必須成為董事會,以董事會之方式進行公司業務行為。

二、業務執行權之規定

我國股份有限公司法制中，公司係由股東會、董事會及監察人作為公司組織架構，在此設計下，以董事會作為公司業務執行機關。本次公司法修正後，業務執行機關不再僅限於董事會，在未設置董事會公司中，以董事作為業務執行機關，原本董事會所行使之職權（即業務執行權）由該董事行使，自屬當然。

新修正條文就董事一人及二人採用分別規範，設置董事一人之公司，董事會之職權完全由該名董事行使自屬當然；而在設置董事二人公司中，採用「準用董事會」之立法方式，該條文所述準用董事會規定，是準用「董事會職權規定」或「董事會職權行使規定」，該如何準用並無明確規範，對此在條文操作上將產生疑慮。

觀察我國公司法對於董事會之規範，可分為「董事會職權範圍規定」及「董事會職權行使規定」二種，前者如公司法第202條「公司業務之執行，除本法或章程規定應由股東會決議之事項外，均應由董事會決議行之。」；後者例如公司法第206條第1項：「董事會之決議，除本法另有規定外，應有過半數董事之出席，出席董事過半數之同意行之。」。前者為董事會職權範圍之規範，即公司業務執行事項，後者則為規範董事會運作之方式，即董事會該如何形成「決議」。在公司法第192條準用董事會之規範下，董事二人之職權範圍準用董事會職權範圍之規定並無爭議，因董事二人為公司業務執行機關，與設置董事會公司之董事會具有相同業務執行權，其職權範圍本來就相同，然非會議體的董事二人該如何準用董事會「決議」之方式，殊難想像。

再者，所謂「決議」，係為「會議體」構成員共同形成意思之方法，僅會議體方得以採用此方式，董事會為至少三人組織之會議體，以決議之方式做出公司業務決策之意思，然在設置董事二人公司情形中，因三人方能成為董事會會議體，董事二人因人數之本質上差異根本無法成為會議體，在本質上差異及限制下，根本無法針對任何事項做出「決議」，董事二人只能就事項達成共識做成「共同決定」，法律上之「準用」前提是

準用事項與被準用事項相同之情況下方得以準用之，然董事二人與會議體的董事會具有本質上的差異，與董事會並非相同或相類似之性質，是以新修正公司法第192條中所謂「準用董事會」之規定，實際上應只能準用董事會職權範圍（職權內容）之規範，而不能準用董事會職權行使（即董事會決議）之規範。

三、業務執行權之行使

在未設置董事會公司中，董事本身具有公司業務執行權已如前述，而業務執行權該如何行使，公司法第192條僅明文規範董事一人職權行使之情形，卻未考慮到董事二人該如何行使業務執行權。

設置二人董事之公司在準用董事會規範下，該二位董事皆具備業務執行權毫無疑問（準用公司法第202條），但如前所述，在本質之限制下無法準用董事會決議之方式來行使職權，該如何行使職權將成為一大問題。在民國35年施行之公司法中，因未強制公司設置董事會進行業務相關活動，而係以董事個人作為獨立業務執行機關，各董事單獨行使職權並各自對外代表公司，本次新修正之公司法中對於董事二人之職權行使方式似得以此為借鏡，由董事二人各自單獨行使業務執行權並對外代表。由董事各自單獨行使業務執行應屬當然，然而整體觀察「業務執行權」之內涵，可依行為之順序分為「業務決策」及「業務執行」，公司須先作出「業務決策」後，依據該決策而執行業務，即業務執行係依決策結果而為之。在董事一人時由該董事獨自為業務決策，並自行依據決策結果為業務執行實屬當然之事，然在董事二人之情況下，該董事二人仍應就公司業務決策作出結果，即該二位董事須作出一致之決策，方能依該業務決策進行後續業務行為，而就董事二人該如何作出一致性決策，我國公司法並未就此規範。

日本公司法關於董事之業務執行權及對外代表權有加以明文規範，依日本公司法第348條規定：「除章程特別規定外，原則上各董事均有業務執行權（第1項）。董事有二人以上時，除章程另有規定外，公司之業務由董事過半數之同意決定（第2項）。」本條第1項及第2項為二種不同規範，第1項規範董事之「業務執行權」，而第2項則特別規範董事二人以上

時，對於公司之「業務」需經過半數同意決定（因董事二人並非形成會議體，因此條文用語為「決定」而非決議）。因此從日本公司法可知，在設置董事二人公司中，該二位董事仍須就公司業務作出共同決定，方能進行後續的業務執行行為。雖該條文係採用「過半數」條件作為門檻，似乎已達到「須經全體董事同意」之效果，惟在董事二人必須形成一致性共同決定之要求下，此為必然之結果。

反觀我國公司法之修正條文，董事二人若得以準用董事會決議之方式，仍係採用過半數之門檻，似與日本公司法中規範無不同，然日本公司法在考量董事二人並非會議體，不能採取「準用董事會」之方式，因此直接明文規範董事二人作成決定之方式，倘若我國參考日本公司法，就董事二人職權行使方式於公司法第192條中直接明文規範，則可避免其本質上與董事會不同卻直接準用董事會規定之疑慮。

此外，就董事會決議方法依決議內容之重要性，可分為「普通決議」及「特別決議」，二者決議通過之門檻有高低之差，藉此充分展現決議內容之重要程度，然在二人直接準用董事會決議方式下，該如何區分普通決議及特別決議？縱使準用結果將導致「全體董事同意」之效果，仍無法因而區分決議內容之重要程度，因此董事會決議之區分在董事二人之情況時，並無區分普通決議及特別決議之必要，既無此必要，則公司法就職權行使方式採用與董事一人相同的立法規範方式似乎較為可行，直接明文規定董事二人職權行使方式，而無準用董事會規範之必要。

肆、董事對外代表權

我國公司法中董事長制度，從過去之非常設必要機關，在民國55年公司法修正後，改為強制設置機關，公司僅得由董事長對外代表，現行公司法第208條第3項規定：「董事長對內為股東會、董事會及常務董事會主席，對外代表公司。董事長請假或因故不能行使職權時，由副董事長代理之；無副董事長或副董事長亦請假或因故不能行使職權時，由董事長指

定常務董事一人代理之;其未設常務董事者,指定董事一人代理之;董事長未指定代理人者,由常務董事或董事互推一人代理之。」由本條可知,僅董事長具有對外代表之權限,由其對外代表公司,僅在董事長無法行使職權時,方得由其他董事以「代理」之方式代理董事長行使職權[4],是以董事長成公司法定必備常設機關,公司法強制公司設置董事長,且代表權為董事長之法定權限。在公司必須設置董事長之要求下,縱使新修正公司法放寬公司得以不設置董事會,仍應依法設置董事長職位,而在公司法第208條第3項未修正下,該強行規範在未設置董事會公司中似有問題產生之可能。

在設置一人董事公司中,新法明確規定直接以該董事為董事長,該董事同時具備公司業務執行權及公司對外代表權,對內執行業務對外代表公司,應屬當然,雖「董事長」應該是「會議體(由多數人形成之團體)」方得有設置「長」之必要(即由其作為會議體之主席或召集人等具主導會議體之地位,以利會議體之運作),在董事僅有一人之情況下,由其作為「董事長」之職位,似與「董事長」職位設置之目的毫無關連,僅係因公司法第208條將公司代表權賦予在「董事長」之職位上,因此縱使公司僅設置董事一人,該董事為能對外代表公司,公司法第192條只得以配合規範以該董事為董事長。

在設置董事二人公司中,對於董事長之選任設計,似有檢討之必要。新法對於設置董事二人採準用董事會規定之方式,而在公司組織架構之設計中,董事會與董事長為不同機關,選任及職權內容完全不相同,董事會係由股東會選任,為公司業務執行機關(包含業務決策及業務執行),而董事長則係董事會中由董事互選,並具對外代表權。

在董事會中互選董事長並無操作之問題,然對於董事二人應如何選任

---

[4] 「代表」與「代理」為不同概念,「代表」是指代表人(或稱之為使者)為本人手足之延伸,其行為直接等同於本人行為,即董事長所為之代表行為就是公司行為;而「代理」是指代理人之行為非等於本人行為,僅該行為之「法律效果」歸屬於本人而已,因此在條文運作上,其他董事代理董事長行使職權,該行為僅是董事(代理人)之行為而非董事長(本人)之行為,只有行為所產生之法律效果歸屬於董事長(本人)。

董事長，公司法中並未另作規範。在依公司法第192條準用董事會規定，並依同法第208條關於選任董事長之規定，由三分之二以上董事之出席，及出席董事過半數之同意，互選一人為董事長。是以在新法之準用下，設置董事二人公司因董事僅二人，該如何選任將為一大問題。條文就選任要求須過半董事同意，將產生「全體董事同意」之嚴格要件，而在此要件下，倘若二位董事意見相左而無法過半同意，將造成無法選認出董事長人選，進而造成無人對外代表公司之情況。

觀察民國35年施行之公司法，以及日本公司法之規範，公司之對外代表權並未強行限制於董事長一人身上，而是交由代表董事或各董事對外代表，因代表是依公司業務決策之結果向外部展現之行為，因此交由各董事對外代表並無不可，是以為解決在設置二人董事公司中可能無法選出董事長之情形，本文認為最為根本之方式係修正公司法第208條第3項，不應強制要求公司設置董事長之職位，應放寬限制使各董事皆具有對外代表權，得單獨對外代表公司。

伍、結論

在此次公司法修正之主要精神──公司自理之下，新修正第192條賦予公司設置董事會之自由，大幅放寬之限制對於中小型規模公司而言為一大福音，應值得給予肯定。然在設置董事一人及二人之規範中，關於董事二人直接準用董事會規定，本文認為二人董事與董事會在本質上不同，因此在準用之規範下，應僅能準用「董事會職權內容」之規定，而不應包含董事會職權行使之規範。惟鑒於公司業務執行行為之前提──須先形成「業務決策」，因此為使公司具有一致且不矛盾之決策，在設置董事二人公司中，本文建議參考日本公司法，直接於第192條中明文規範董事二人對於公司業務決策，除章程另有規範外，應由董事過半數之同意決定之。

此外，在強制公司必須設置董事長之要求下，將可能產生無法選出董事長，並造成無人得以對外代表公司之困境，本文參考日本公司法之規

範，建議未來公司法修正中，應就設置董事長之規範加以放寬，以利公司實務之運作。

13
公司法董事會之召集程序修法評析

黃偉銘

壹、前言

公司法甫於民國107年8月1日修正公布，民國107年10月26日行政院院臺經字第1070037184號令發布定自107年11月1日施行，除相關條文之條項移列、「召集」之用語改為「召開」等細節性事項本文不予探討外，本文將實質探討董事會之召集程序、召集權人之相關議題。

貳、公司法相關規定之新舊法差異

一、公司法第204條之規定差異

原公司法第204條規定：「董事會之召集，應載明事由，於七日前通知各董事及監察人。但有緊急情事時，得隨時召集之（第1項）。前項召集之通知，經相對人同意者，得以電子方式為之（第2項）。」新修公司法第204條規定：「董事會之召集，應於三日前通知各董事及監察人。但章程有較高之規定者，從其規定（第1項）。公開發行股票之公司董事會之召集，其通知各董事及監察人之期間，由證券主管機關定之，不適用前項規定（第2項）。有緊急情事時，董事會之召集，得隨時為之（第3項）。前三項召集之通知，經相對人同意者，得以電子方式為之（第4項）。董事會之召集，應載明事由（第5項）。」就形式上觀之，可知修法重點有三：

（一）將通知各董事及監察人之時間由七日前通知修改為三日前通知

即可。至於有緊急情事時，得隨時召集之規定不變，但仍有一個根本性的差異，就是舊法時代就緊急情事時是否仍應載明事由，容有解釋上的模糊空間，但新法時代，則在第5項規定董事會之召集應載明事由，換言之，不論是否為緊急情況下的開會，都要載明開會事由。

（二）新法第204條第1項但書規定「章程有較高之規定者，從其規定」，代表這三日的通知時間是一個強制規定，只能更長，不能更短，章程只能規定超過三日的通知時間，不能縮短，否則章程之規定違反法律的強制規定，無效。

（三）就公開發行股票之公司之董事會開會通知，由證券主管機關定之，不適用第1項規定。

二、公司法第204條之修法理由

（一）修正第1項。鑒於董事會之召集，於三日前通知各董事及監察人，應已足夠，爰將原「七日」修正為「三日」。此「三日」為最低基準，尚不得於章程另定低於三日之規定，例如一日前或二日前通知之情形。又倘公司認為三日不夠充裕，得於章程延長應於三日前通知各董事及監察人之規定，例如於章程定為四日前、五日前、六日前、七日前等，公司得自行斟酌情形訂定，爰為但書規定。

（二）增訂第2項，明定公開發行股票之公司董事會之召集，其通知各董事及監察人之期間，由證券主管機關定之，不適用第1項規定。

（三）原第1項但書移列第3項，並酌作修正。

（四）原第2項移列第4項，並酌作修正。

（五）原第1項前段「董事會之召集，應載明事由」，移列第5項。

三、新公司法第203-1條規定之增訂

公司法第203-1條增訂：「董事會由董事長召集之（第1項）。過半數之董事得以書面記明提議事項及理由，請求董事長召集董事會（第2項）。前項請求提出後十五日內，董事長不為召開時，過半數之董事得自行召集（第3項）。」除第1項是由原公司法第203條第1項本文移列外，另

增訂了過半數董事請求董事長召開董事會之規定，若董事長於十五日內仍不為召開時，過半數之董事得自行召集董事會。此次修法適度彌補了董事長若消極不召開董事會時，修正前公司法無法處理之漏洞，值得肯定，然而仍有改進空間，茲分述於後。

至其修法理由則規定：

（一）第1項由原第203條第1項本文移列，內容未修正。

（二）增訂第2項。原第203條第1項本文賦予專屬於董事長召集董事會之權限，因此，倘實務上發生董事長不作為之情事，不僅導致公司之運作僵局，更嚴重損及公司治理。為解決董事長不召開董事會，而影響公司之正常經營，並考量避免放寬董事會召集權人後之濫行召集或減少董事會議發生雙胞或多胞之情況，爰增訂第2項，明定允許過半數之董事，得請求董事長召集董事會。

（三）倘董事長於法定期限內不為召開時，過半數之董事，毋庸經主管機關許可，得自行召集董事會，爰增訂第3項。

參、董事會之召集程序規定背後之法理基礎

一、兩個價值的維護所造成的衝突

股份有限公司之董事會由全體董事組成，為執行公司業務所構成之合議制機關，而業務執行權則專屬董事會，因此董事會之構成員（董事）為了行使上開權限，就必須要召開董事會來共同決定，而公司之董事人數可能眾多，若均由各董事去召集董事會，可能會造成董事會開會之議題無法集中一次討論（例如A董事想要討論甲議題而召開董事會；但B董事想討論之乙議題因不緊急，而需另外再通知一次開會時間以符合程序規定），又或者可能導致開會時間衝突（例如A董事與B董事在同一時段召開董事會，開會的地點卻不同），因此，由各董事自行召開董事會有諸多之不

便，新修公司法第203-1條第1項乃規定：「董事會由董事長召集之。」[1]
但本文認為這樣的規定並未改變會議體的構成員（即董事）所固有的召集
權，僅是因為前揭理由，為便於召集，而統一劃由董事長行使召集權，各
董事原先所享有之召集權則成為潛在的召集權。[2]

在一般情況下，董事會由董事長召集，為新修公司法第203-1條第1項
之規定，再依公司法第208條第3項前段規定：「董事長對內為股東會、
董事會及常務董事會主席，對外代表公司。」可知董事長對內為董事會之
主席，並有權召開董事會，因此如何防止董事長濫權，又要能夠達到董事
會議事的效率、彈性，就成了董事會召集程序之制度設計上的兩個最為重
要的價值（防弊及興利）。而這兩個價值其實是互斥的，當你怕董事長去
操弄董事會，突襲各董事，讓各董事在沒有充分瞭解資訊、討論之情形下
倉促做出決定，因此設下了諸多的程序限制，諸如：要三日前通知、要載
明事由等等，那就代表這個會議的議題會缺乏效率跟彈性，試想，開這個
董事會只能討論有載明事由的議題，其他的議題都不能討論、表決，否則
召集程序違法，那這個會也開得太狹隘了，大家開會中臨時想到要討論的
議題，大家全體同意當場就來討論，增加這個臨時動議，有何不可？但依
照新修公司法的規定，似乎認為這個防止董事長操弄的措施，重要性大於
董事會開會的效率，因此是往更加嚴格控管程序的方向走。為什麼這樣說
呢？在舊法時代公司法第204條第1項僅規定：「董事會之召集，應載明事
由，於七日前通知各董事及監察人。但有緊急情事時，得隨時召集之。」
因此留有一個解釋的空間，倘若是緊急情事時，可以隨時召集，而且不用
載明事由。只要放寬緊急情事的認定，那臨時動議只要解為是緊急議案，

---

[1] 舊法規定在公司法第203條第1項前段，此部分僅為條文移列，內容並無修正。

[2] 在舊法時代，董事長消極的不行使召集權，並無解決方法，但這樣的立論基礎，可
以避免董事長怠於行使召集權時（尤其是要求董事長召開董事會討論是否改選董事
長等議題，董事長有可能消極的不行使召集權），提供各董事在一定之條件下，
讓其潛在的召集權復活，自行召集董事會。新修公司法第203-1條第2項規定：「過
半數之董事得以書面記明提議事項及理由，請求董事長召集董事會。」同條第3項
規定：「前項請求提出後十五日內，董事長不為召開時，過半數之董事得自行召
集。」即是上開立論的明文落實，值得肯定。

即可迴避掉沒有符合幾日前通知以及載明事由的程序枷鎖，相當程度的維持了會議的效率及彈性。但是新法規定一定要三日前通知，緊急情事時雖得隨時通知召開董事會，但依新修公司法第204條第5項規定「董事會之召集，應載明事由。」並未區分是否為緊急情事之召集，都要載明事由，當然也就將未載明事由的臨時動議列入禁止之列了[3]，但是臨時動亦毋寧是會議的常態，公司董事都已經出席了，臨時想到的議題卻不能討論，要再等三天才能討論，這麼樣的僵化，合理嗎？為了箝制董事長，擔心董事長操弄董事會，突襲各董事，讓董事沒有辦法充分準備就倉促做決定，為了要保護理論上具有專業之董事，因此設了上開程序規定，而犧牲會議的彈性跟效率，是否妥當，容有疑義。

二、這兩個價值應如何取捨？

　　誠如前述，召集董事會的程序枷鎖，是在防董事長濫權，但犧牲了會議的效率及彈性，新修公司法變本加厲，讓緊急情事也要載明事由，代表緊急情事之下，董事長都要把開會事由好好的寫清楚、寫明白，否則不能隨時通知，這樣的制度設計，真的有利於公司的運作嗎？

　　若從董事制度之修法沿革來探討，董事之地位本為股份有限公司之機關，於民國18年12月7日制定之公司法中並無「董事會」此一機關之出現[4]，當時公司法第144條規定：「董事之執行業務，除章程另有訂定外，以其過半數之決議行之。關於經理人之選任及解任亦同。」，遲至民國35年3月23日修訂之公司法中，方於第192條第1項增訂：「董事在職權上須集體行動時，得組織董事會。」換言之，當時之董事會係可有可無之制度，僅須由董事過半數之決議即可為業務之執行，嗣於民國55年7月5日修正之公司法中，方於股份有限公司章中之第四節修正為「董事及董事

---

[3] 除非解釋成當場載明事由也可以開會，也算是有載明事由，也就是說不用在開會前載明，開會中想到什麼再載明，然後當場討論也算，用這種方式來討論臨時動議，但如此解釋恐不符合修法意旨。

[4] 民國18年制定之公司法第四章股份有限公司中，第四節為董事，並無董事會此一制度。

會」，至此方確定我國股份有限公司應設立董事會此一機關，而將原先各董事所得享有之業務決策及執行權，交由會議體之董事會行之。並增訂公司法第202條：「公司業務之執行，由董事會決定之。除本法或章程規定，應由股東會決議之事項外，均得由董事會決議行之。」及第204條：「董事會之召集，應載明事由於七日前通知各董事；但有緊急情事時，得隨時召集之。」

若由立法過程以觀，可知早年無董事會此一制度之下，僅要過半數董事決議某議案可行，即得為業務之執行，無須透過董事會集思廣益，此一方式之優點為公司得以迅速反應瞬息萬變之商場競爭及突如其來的變化，惟亦造成公司之業務執行率斷，未充分進行討論即作成業務之決策與執行，有董事濫權之弊。因此，民國55年公司法引進董事會此一制度，期待藉由董事間之集思廣益，作成對公司利益最大化之決策，此應為董事會制度之精華所在。

因此，為求集思廣益，而創設董事會制度，但董事會為會議體，必須透過開會決議形成意思決定，期間廣經召集、開會、議論、決議等程序，費時費事，比較舊時之董事制度，顯然輸於運作之彈性、效率性。董事會制度本質上負有這種先天性的缺失，因此制度規定當盡量賦予彈性、效率性，克制、減少缺失。反之，主張嚴格規定，嚴格控管會議程序，董事會之短處將是雪上加霜，殊非妥適。

在現今全球化的競爭市場下，商機稍縱即逝，公司隨時要召開董事會做出因應，市場上之對手間隨時可能會作出瓜分市場或影響市占率或搶食客戶大餅之決定，若公司董事會不隨時因應，則隨時可能造成公司之巨大損害，換言之，緊急情事毋寧是現代公司所面臨之常態，是以董事會此一會議體毋寧是24小時待命之性質，隨時可能會有需要董事立即出席並作成決議以因應市場變化之需要，而董事之義務為，不論該開會時間有多麼不合理，均應負有出席之義務，即便董事人在國外亦得以視訊會議為之。是以，董事會所面臨之業務決策具有複雜多樣性、緊急應變性等性質，許多議案之成立恐怕均無法一一載明，而係在開會討論的過程中逐漸形成，此亦為董事會本身對公司之意義與機能。因此，公司法第204條召集程序之

規定，是否有必要如此嚴格即不無檢討之餘地。

在企業所有與經營分離之原則下，董事由股東會就股東所信任且具有經營專業能力之人選出，理論上具有該領域之經營專業，且公司法規定緊急情事時得隨時召開董事會，就已經蘊含了董事有隨時待命、隨時出席董事會之義務，尚不得以開會時間、通知臨時為由拒不出席，難道董事可以在此時說，對不起我還沒有把這個緊急的議題準備好，無法出席開會做決定嗎？因此，在董事負有隨時出席董事會的待命義務，以及具有一定程度的專業下，董事長要操縱董事會，並非易事。從而，避免董事長爛權操縱董事會、突襲董事、讓董事沒有時間充分準備、出席的理由，似乎已不再是那麼樣的堅強，反而，放寬程序上的規定，減緩會議體制度本身所帶來的不效率，才應該是董事會之召集程序應該要著重的重點。

比較法上，日本公司法第368條第1項規定，董事會之召集雖應於7日前通知，然亦允許公司章程縮短之，且召集通知之方式亦無限制，書面或口頭等僅須表明時間地點即可，至於召集事由則可任意為之。雖然召集事由之載明有助於董監事之會前準備，使董事會運作更具效率，然該規定強制性之必要，尚有討論餘地。蓋董事會為公司業務執行機關，關於公司重要業務須經董事會決議事項者，隨時可能成為董事會之討論議題而難於事前載明，然董事會不論事前載明與否皆應決議之；另公司董事於股東會中選出，通常被認為對公司經營具有相當經驗、能力者，從而關於公司經營事項縱未於事前受通知亦能適切的作成決議。[5]但反觀我國新修公司法第204條之規定，卻是往嚴格控管程序之路邁進，一方面讓這3日前通知不得以章程縮短，另方面甚至規定不論是否為緊急召集董事會之情形，均應載明事由，可以說是與上開論述背道而馳的立法。

其實，董事會的「召開」本身根本就不是重點，能否作出「決議」才是重點，今天開會、明天開會、甚至是每天開會討論，都沒有關係，只要有通知全體董事、監察人要開會，董事就都有出席之義務，但出席開會不

---

[5] 上柳克郎等編輯，新版注釋會社法（6），有斐閣，2000年12月，頁97。引自林麗香，董事會召集程序瑕疵之治癒／最高法院99台上1401，臺灣法學雜誌，2011年5月15日，頁191。

代表一定能達成決議，即便達成決議，也不代表不能事後再以新的決議推翻舊的決議，因此，嚴格把關這個董事會之召集程序，反而失去了董事會之彈性、效率及緊急應變性。因此，在價值的選擇上，應該朝向放寬董事會召集程序，由各公司依其實際需要，自行在章程訂定之作法才是正途。

肆、新修公司法未創設全體同意之例外

　　董事為董事會之構成員，如果全體都同意現在、立刻、馬上召開董事會討論某議題，可否免除公司法第204條所定之所有程序？在這次新修公司法第204條並未將之納入規定，實屬遺憾。實務及學者就這個問題有表示意見者，大體均肯認全體同意之情形下，未遵守公司法第204條之規定並不違法，茲分述如下：

　　一、法務部75年5月24日法參事第6320號函認為：「董事會之召集未遵守公司法第204條召集期間之規定，是否即為召集程序違反法令？不能一概而論，例如因有同條但書所稱之緊急情事致未遵守召集期間，或全體董事皆已應召集出席董事會，對於召集期間不足並無異議而參與決議，似尚難解為董事會之召集為違反法令。故董事會之召集未遵守公司法第204條召集期間之規定，而依此董事會決議召開之股東會所作決議效力如何，宜視具體情形如何而為判斷。」

　　此法務部見解認為於「緊急情事」或「全體董事皆已出席，且無異議並參與決議」下，未遵守七日之期間寄發開會通知並不違法。然而其餘情形未遵期通知則仍應認為違法。

　　二、另參最高法院99年度台上字第1401號判決亦同上開法務部之看法：「按公司法第204條關於董事會之召集應載明事由於七日前通知各董事及監察人之規定，其目的無非係以董事會由董事所組成，董事會之召集通知，自應對各董事為之，俾確保各董事均得出席董事會，參與議決公司業務執行之事項。故董事會之召集雖違反上開規定，惟全體董監事倘皆已應召集而出席或列席董事會，對召集程序之瑕疵並無異議而參與決議，尚

難謂董事會之召集違反法令而認其決議為無效。」。

　　三、又最高法院98年度台上字第871號判決之見解，亦與上開實務見解相同，認為所餘董事全體同意召開董事會尚難謂違反公司法第204條，其內容略以：「按董事會之召集，應載明事由，於七日前通知各董事及監察人。但有緊急情事時，得隨時召集之，此觀修正前公司法第204條規定自明。乃因董事會係全體董事於會議時經互換意見，詳加討論後，決定公司業務執行之方針，故須於開會前予各董事充分瞭解開會內容，俾便各董事得以充分討論。查振吉公司於董事缺額達三分之一後，因無監察人，所餘三位董事甲○○、李麗瑀及李文瑋以董事身分召集董事會，由甲○○及李麗瑀互選甲○○擔任董事長，此為兩造所不爭執之事實，已如前述。既為其三名董事所召集，召集事由本即為其三人所知悉，自無再以書面於七日前通知董事之必要，故其三人召集董事會時，縱未踐行公司法第204條規定之程序，亦難謂該董事會所為決議違反法令而為無效。」

　　四、就此議題表示意見之學者，大體均肯認創設全體同意之例外說，其理由則不外為：董事本於忠實義務下之注意義務及謹慎判斷不自限之原則，原應親自出席董事會，且不應自我限縮個案之裁量權，因此，確保每位董事均得出席，不僅是董事權能發揮之重要過程，也是董事善盡忠實義務之前提。因此嚴格遵守程序自有其道理，順此思維，若全體董事皆已出席，則法律所設之通知程序，目的已達，董事若認為時間過短以至於無法周全準備，董事應於開會時表達異議，否則事後再任意翻覆，無非假程序之名義達翻覆不符其意之決議的目的，與董事忠實義務亦有相違。[6]另有以瑕疵治癒之觀點說明，認為董事會召集程序雖有瑕疵事由，但若全體董事及監察人或漏未通知之董事或監察人已出席或列席董事會，並參與董事會之決議，應可解為其同意省略召集程序或同意放棄受通知之權利，

---

[6] 曾宛如，董事會決議瑕疵之效力及其與股東會決議效果之連動——兼評97年台上字第925號判決，臺灣法學雜誌，第120期，2009年1月15日，頁190-191。另學者劉連煜教授亦同此見解，劉連煜，公司董事會召集程序違反規定之決議效力——最高法院97台上925，臺灣法學雜誌，第152期，2010年5月15日，頁181-182。

其召集程序之瑕疵已然治癒。[7]

　　另有學者肯認全體董監出席並決議時得治癒瑕疵之看法，惟其認為其治癒應僅限於「決議成立但程序瑕疵之情形」，而不及於「決議不成立之情形」與「決議成立但內容瑕疵之情形」，蓋董事會召集程序與決議方法瑕疵之得被「治癒」，應僅限於出席之全體董事對於董事會之「瑕疵」，有加以「治癒」之「權限」的情形，始克當之。而就「無召集權」之瑕疵，董事會既然係由無召集權人所召集，且此「召集權限」之「瑕疵」並非為全體董事所擁有，當然並無由全體董事出席而加以「治癒」之可能。同理，於董事會「決議成立但內容瑕疵之情形」，係「瑕疵」乃為董事會決議內容違反法令、章程、或股東會決議與決議內容踰越董事會權限，亦非為全體董事所擁有，當然亦無由全體董事出席而加以「治癒」之可能。[8]

　　亦有採訓示規定說之學者認為，如果全體董事均已事前知悉開會日期（如章程已規定每月某日開會或董事間以合意特定日期開會），而未在法定七日前通知，形式上不符合第204條之規定，但實質上並不影響董事之出席情況，則無損於第204條立法目的，應認為該瑕疵已被治癒。再者從董事會與股東會之關聯性而言，如果因未能遵守七日之規定而導致董事會召集股東會之合法性，亦未必符合交易安全或股東權益之考量。因此公司法第204條之七日規定僅為一訓示規定，僅便於董事及早安排時間以利議事之進行，因此通知只有一日之差或者董事會日期早就定好了，在不影響董事會出席之情況下，均不能認為程序違法而導致董事會決議無效，甚至影響到股東會召開程序之合法性。[9]

---

[7] 王志誠，董事會召集程序之瑕疵——評最高法院98年度台上字第871號判決，月旦裁判時報，創刊號，2010年2月，頁109；王志誠，董事會決議瑕疵之效力，法學講座，第32期，2005年3月，頁72。

[8] 陳俊仁，論董事會召集程序與決議方法瑕疵之效力——評最高法院99年度台上字第1401號民事判決，中正財經法學，第3期，2011年7月，頁30-32。

[9] 杜怡靜，關於董事會召集程序之瑕疵——最高法院97年台上字第925號民事判決，月旦裁判時報，第5期，2010年10月，頁91-92。

五、日本公司法第368條第2項亦規定，董事會之召集，若經董事及監察人全體同意，得不經法定程序而召集之。[10]

六、綜上所述，新修公司法第204條未能將全體董事及監察人同意之情形，列為例外得不經法定程序召集之情形，實屬疏漏。

伍、公司法第203-1條仍可再進化

董事為董事會之構成員，本即有召集董事會之權限，只是因為召集的便利之原因，因此將召集權之行使統一劃給董事長，各董事之召集權並不因而消滅，只是暫時不得行使，但當董事長消極不行使召集權時，各董事潛在的召集權即應復活，此時，法律制度上應設計在一定的條件下，允許「一定比例之董事」得行使召集權，來自行召開董事會，因為這是本來就歸屬於各董事的權限，只是為免多頭馬車，大家都來行使召集權，造成行政成本的浪費，乃至於開會之時間、地點的衝突，因此才統一規定由董事長來行使召集權，但不代表召集權專屬董事長才能享有。據此而論，公司法第203-1條第2、3項規定：「過半數之董事得以書面記明提議事項及理由，請求董事長召集董事會（第2項）。前項請求提出後十五日內，董事長不為召開時，過半數之董事得自行召集（第3項）。」可知過半數之董事若要自己召開董事會，都還要以書面記明提議事項及理由，「請求」董事長召集董事會，而不能直接行使召集權，必須要請求提出後15日內董事長不為召開，才能自行召集，難道立法者認為召集權仍然在董事長身上，或召集權只有董事長才有，因此一定要先請求董事長來召集？對比此次新修公司法第173-1條第1項之規定：「繼續三個月以上持有已發行股份總數過半數股份之股東，得自行召集股東臨時會。」其增訂理由載明：「二、增訂第一項。當股東持有公司已發行股份總數過半數股份時，其對公司之經營及股東會已有關鍵性之影響，倘其持股又達一定期間，賦予其有自行

---

[10] 林麗香，前揭註5，頁191。

召集股東臨時會之權利，應屬合理，爰明定繼續三個月以上持有已發行股份總數過半數股份之股東，可自行召集股東臨時會，毋庸先請求董事會召集或經主管機關許可。」可知在股東會之情形，持有已發行股份總數過半數股份之股東，得自行召集股東會，不用再請求董事會召集，為何在董事會之情況下，過半數之董事都還要先請求董事長召集，不能自行召集，令人費解。

再就過半數董事需「以書面記明題議事項及理由」的程序規定來看，可知立法者再一次強調「載明事由」的重要性，不可以不載明事由，這種封殺董事會「臨時動議」容許性的做法（因為臨時動議的事由不可能事前載明），根本毫無意義，從來沒見過一個會議要開得這麼侷限、這麼僵化，都不能討論、表決額外的議題。以更加要求程序嚴謹的股東會來說（股東出席股東會是權利，不是義務，股東當然需要事先知道開會之議題，以便於決定是否要出席），公司法第172條第5項也只有限制部分議題不能以臨時動議提出，應該在召集事由中列舉，是反面解釋，其他事項是可以在股東會提臨時動議的，對比需要時常召開、追求效率及彈性的董事會，卻反而不能討論臨時動議，豈不荒謬？

至於法條設計需過半數董事，才可以行使召集權的部分，立法者係考量避免放寬董事會召集權人後之濫行召集或減少董事會議發生雙胞或多胞之情況，本文認為這樣的考慮確實有其道理，否則，容易造成少數董事為免其不希望通過之議題作成決議，動輒以另定相衝突之開會時間、地點之方式，一方面規避自己之董事出席義務（因為仍然有出席，只是出席的是另一場的董事會），另一方面又能達到杯葛多數董事所召開之董事會原本所欲通過之議題之結果。

陸、再修法建議（代結論）

這次新修公司法第204條，朝著控管程序之路邁進，反而延伸出下列問題：1.董事會得否臨時動議討論未事前載明之議案？2.全體董事及監察

人均同意召開董事會時，得否不遵守公司法第204條之程序規定？3.緊急情事之下還要載明事由，是否管制太多，反而不利於盡速開會做出應變？4.這三日前通知不可以章程縮短，是否干涉太多？

　　我國公司法第204條之立意固然係為了避免董事長濫權操弄董事會，以及確保董事之出席與準備，然而以國家強制規定董事會召集程序之方式，其妥當性容有討論之空間，或許國家對公司董事會之召集程序可以僅作框架性規定，讓董事會得以彈性召開，以因應瞬息萬變之全球化競爭市場，並允許將此類事項解為公司之內部事項，交由公司章程自行對董事會召集程序作細緻化之規定，亦不失為一妥當解決董事會召集程序之方法。綜合上述，本文認為我國公司法第204條僅須規定為：「董事會之召集，應通知各董事及監察人。但經全體董事及監察人同意，得隨時開會。」[11]即可。至於公司法第203-1條之部分，本文認為可以修正為：「董事會由董事長召集之（第1項）。過半數之董事亦得自行召集董事會（第2項）。」

---

[11] 上開修法建議之本文的規定完全免除召集之程序，只要通知各董事及監察人即可，且通知之方式不設限，但並不排除由各公司依其實際需要，在章程另行規定召集程序。至於但書規定全體董事及監察人同意，可以隨時召集，則是可以破除章程所定之程序，隨時召開董事會。

14

淺探新公司法第205條董事會書面決議制度

楊有德

壹、前言

　　一、董事會作為股份有限公司獨攬業務執行權限之機關，為保公司得以正常運作無誤，公司法應該盡可能在平衡董事會會議體集思廣益和董事會得以及時發揮功的抉擇下，提供更彈性的運作方法。

　　二、按公司法新法第205條第5、6項：「公司章程得訂明經全體董事同意，董事就當次董事會議案以書面方式行使其表決權，而不實際集會。前項情形，視為已召開董事會；以書面方式行使表決權之董事，視為親自出席董事會。」修法理由：「三、依現行第一項及第二項規定，僅允許董事會以實體集會或視訊會議方式召開。而香港法原則上對董事會開會方式允許任何方式為之，董事會得以書面決議取代實際開會，但會前須取得全體董事同意；日本會社法亦有類似之規定，爰仿外國立法例，容許多元方式召開董事會，增訂第五項，明定公司得於章程訂明經全體董事同意，董事就當次董事會議案以書面方式行使其表決權，可不實際集會，以利公司運作之彈性及企業經營之自主。四、公司倘於章程訂明經全體董事同意，董事就當次董事會議案得以書面方式行使其表決權時，為明確規定其效果，爰增訂第六項，明定視為已召開董事會，毋庸實際集會；又董事就當次董事會議案以書面方式行使其表決權者，其法律效果，亦予明定視為親自出席董事會。」

　　三、此次公司法修法條文中特別參考了香港公司條例及日本公司法的規定，引進董事會的書面決議制度以供董事會得以在不開會的情況下完成業務執行的決策，但同時也在某種程度上削弱了董事會會議體集思廣益的功能。為此，公司法制如何在其中取得平衡，而書面決議制度又應將如何

運作，均為新法上路後值得探討的重點。

貳、全體董事同意之標的與其意義

　　一、此次公司法修法特別明文經全體董事同意此一要件，惟本次修法中所要求全體董事同意的對象，並非該次董事會之議案，而是該次董事會之議案是否改以書面方式行使表決權。換言之，某次董事會中之議案得否以書面決議方式為之需經全體董事之同意，但對於議案之通過則回歸各該議案的決議門檻決定，新法並未有所特別調整。

　　二、對於「是否對特定董事會之議案改採書面決議方式為之」與「對特定議案」採全體董事同意之門檻，本文認為兩者間所蘊含之法理截然不同，劣見如下：

　　（一）本次公司法要求經全體董事同意得以不召開實體會議方式通過議案，其所隱含的命題為公司法原本預設的集思廣益會議體定位，得否透過董事會全體與會成員的同意而拋棄？股份有限公司中要求董事會以會議體方式為之，其本質上有希望透過與會成員間相互公開對於特定議案的看法及觀點，進而相互影響，以全該議案思慮之周全。就此一層面的顧忌本文以為並無法逕以全體董事的同意不召開實體會議的方式進而免除，蓋因董事會會議體的設計，所要求者並非表決之結果，而是董事相互影響心證的討論過程，而這種相互影響心證的討論也內化在董事忠實善管義務之中，此稽公司法第193條第2項明文「僅」有表示異議之與會董事始得免責，而沉默以對之董事仍有其責任自明。倘上述推論無誤，則公司法中明文要求董事的忠實善管義務又豈是全體董事同意得以免除，為此，僅憑全體董事同意書面決議的方式似乎無法成為削弱董事會集思廣益的基礎。

　　（二）反觀香港公司條例第556條第1項明載「當所有合資格成員已表示同意某書面決議，該決議即獲通過。」董事會書面決議需所有的董事（即該條例中所指之合資格成員）一致認同始能通過之要求，本文認為更能達到平衡董事會彈性運作及會議體的本質運作。蓋，要求全體董事同意

始能通過議案，在於當全體董事都認同特定議案的情況下，難以期待實體會議中會有異議的董事的發聲，進而影響議案結果，集思廣益的功能於此發揮之效果並不大，如此一來，強行要求實體董事會的集會，對特定議案進行討論，只是徒增公司開會成本，新法為此破例得以較便宜的方式進行決議，一來不僅免於公司虛耗無意義的成本於欠缺實益的董事會集會中，二則保全董事會集思廣益的本質，畢竟只要有一位董事不認同該議案，走回實體會議即屬必然，該持有不同意見之董事就有機會透過會議體開會方式影響其他董事的決定，對於會議體的本質定位也不至於侵害過重。

（三）但臺灣書面決議之議案門檻並沒有特別的要求，全體同意的標的僅是「是否對特定董事會之議案改採書面決議方式為之」，且該同意應於以書面行使表決權行使前（或同時）為之，倘若該議案中有其他董事持有不同意見，也來不及在議案通過前加以公開心證，進而影響結果，對於集思廣益的制度設計及要求董事相互影響立場的義務，將形成一大漏洞。

參、書面表決權行使方式

一、至於行使表決權的方式已明文書面為之，同意與否均同，且因並未如其他國家立法例要求要全體同意，又書面行使表決權的結果形同出席董事會，應回歸各該議案的表決成數決定之。至於如何的書面始能認定為行使表決權之意，參考香港公司條例之規定應表明特定議案內容及同意（或不同意）之表示。至於該書面是否得以電子郵件方式為之，按現行法並未同香港公司條例明文允准，似應採否定見解。惟本文認為，表決權行使方式僅需足以認知董事對特定議案的意見即可，究竟用書面抑或電子文件方式為之，應非重點。

二、再者因臺灣公司法書面決議制度並無香港公司條例中有同意的提出時間限制[1]，倘當初章程或董事同意書面決議時，並未約定有行使時

---

[1] 香港公司條例第558條。

間上之限制，該議案即有可能因為無論同意與否均遲遲未出現過半數的書面，而懸而未決。

三、另外本文以為，倘在特定議案書面決議過程中，已有實體董事會召開並對該特定議案做出決定，則該書面決議程序則應停止進行，表決結果無法繼續累計，縱之後有其他董事陸續就該議案以書面表示意見，該議案仍無法通過。除非就該議案，事後全體董事再次同意以書面方式行使表決權，並重新起算表決結果。

肆、書面決議制度之其他召集程序

一、書面決議制度固然免除了議案須在實體董事會開會的狀況下通過的窘境，惟新法對於書面決議制度應如何進行，原有董事會召集程序在書面決議制度中又被留存了多少，均屬書面決議制度值得討論的議題。為此，本文提供拙見如下。

二、自體系觀察，本次書面決議制度被置放於公司法第205條——董事會董事之出席方式，與親自出席、代理出席及視訊會議共同規範之。承此，此次書面決議制度應僅於允許董事得不實際出席而改以書面方法行使表決權，且其法效果同於視訊會議，視為親自出席。自此觀之，書面決議僅為解決出席問題，而對於公司法中原有對於的召集規定，例如董事會之召集、召集期間、召集事由等，似仍從於實體董事會，未見豁免。

三、書面決議的召集：書面決議制度固然得以經全體董事同意後，以書面方式而不實際召開通過議案，惟公司在何種情況下可以徵求全體董事之同意，現行法並未有所明文。承前所述，本文以為書面決議制度既僅停留於解決出席問題而存在，董事會原有的召集權並未有所變化，而書面決議制度法效果上仍是視為已召開董事會，故觸發書面決議機制者，亦應該僅有在實體董事會中具有董事會召集權者，即公司法第203條及第203-1條，董事長、得票最高之董事或過半數之董事。

四、召集期間：

（一）按公司法第204條除非公司有緊急情況外，公司應於三日前或公司章程有更高規定者，通知董事及監察人。此在有實體董事會召開的情況下，期間計算上問題不大，惟書面決議制度並無實體董事會之召開，召集期間之起算易生爭議，惟核召集期間之立法目的，不外乎給予董事充分的思考時間，避免董事在資訊不足，事出突然的情況下驟然做出決定。為延續此種立法精神，本文以為公司告知書面決議議案後（翌日起算），到各董事最終表態日應存有至少三天的猶豫期，但章程有較高規定者，或有緊急情況者，不在此限。至於表態期間長短，本文以為現行法無從規範。或有認為為求謹慎，應認為自董事會告知董監事書面決議後三日內，均不得以書面表示意見，而是在通知三日後，董事始得開始表態，惟本文以為三日的猶豫期間的乃賦予給各董事深思熟慮的機會，倘若各董事對該議案認為已無再次思量的必要，而提早表態亦無不可。

（二）又倘公司給予各董事最終表態日距離通知各董事書面決議短於三日，但該議案仍通過門檻者，該議案效力又該當何如？本文以為固按我國司法實務對於董事會的召集程序採較為嚴苛之標準，違反召集程序者並無類似或類推公司法第189-1條的適用，一律為無效之認定，但因為我國司法實務界亦肯認倘全體董事無異議的情況下，該議案仍屬有效[2]。然書面決議首要條件即是獲得全體董事之同意進行書面決議，是於各董事均對採用書面決議表示贊同的同時，即可認定全體董事對於召集程序上的瑕疵無異議，進而該議案又通過決議門檻，當得認為議案生效·但如果公司先後為書面決議同意和議案決議之通知，而議案表態截止日距議案決議通知短於三日，則縱然全體董事同意書面決議進行在先，亦無法因此認定全體董事對議案決議程序無異議，而必須回歸書面行使表決權期間，全體董事有無表態而定之。

五、召集事由：由於書面決議是在欠缺實體董事會召開的情況下，由

---

[2] 最高法院99年台上字1401號判決節錄：「董事會之召集雖違反上開規定，惟全體董監事倘皆已應召集而出席或列席董事會，對召集程序之瑕疵並無異議而參與決議，尚難謂董事會之召集違反法令而認其決議爲無效。」

各董事以書面方式行使表決權。為此，召集事由之告知即屬必然，否則行使表決權之董事根本無從獲悉是對什麼具體議案行使表決權，尤甚者為，因為欠缺實體董事會之討論，為求周慮，其召集事由之告知應詳於公司法原有之要求。具體言之，倘該次書面決議之議案為選任董事長，則告知召集事由之內容，絕不能僅記載推選董事長即謂完備，而應具體告知選任何人為董事長，以防免各董事在資訊不足的情況下，遭公司濫用書面決議制度，形同各董事空白授權於掌權派恣意通過議案，而各董事渾然不知。

伍、書面決議制度下董事責任之建構

　　一、查公司法第193條明文與會董事之責任：「董事會執行業務，應依照法令章程及股東會之決議（第1項）。董事會之決議，違反前項規定，致公司受損害時，參與決議之董事，對於公司負賠償之責；但經表示異議之董事，有紀錄或書面聲明可證者，免其責任（第2項）。」縱書面決議並未召開實體董事會，然因書面決議視為實體會議的召開，且書面行使表決權者視為親自出席董事會，則上述決議責任亦應有其適用。

　　二、倘特定議案確實造成公司之損害，當初書面決議過程中認同該議案者，難脫其責，而透過書面方式表示相反意見者，其效果形同經記錄之異議董事，免除其決議責任，但其仍有具體執行之監督責任，故就該議案之具體執行，如果書面表示反對之董事仍有懈怠，其仍無法免責。

　　三、至於自始至終均未表示意見之董事，既然書面決議形同召開實體董事會，而行使表決權之董事視同出席，則未行使表決權者則形同未出席，論理上可認為其違反出席義務進而究責，惟實際上卻難以建構，尤其該議案是在高票通過的情況下，縱然未行使表決權之董事表示反對意見，亦無法阻止該議案之通過，如此一來損害賠償之因果關係就很難建立，最後只好訴諸於監視義務之懈怠[3]。

---

[3] 黃清溪主編，公司法爭議問題研析──董事篇，五南，2015年9月，頁224。

陸、監察權之置入

　　一、公司法第204條及第218-2條明文實體董事會召開前，不僅需通知與會成員董事外，亦需通知各監察人，且監察人具有列席董事會，並表示意見的權限。核其立法目的無非就是確保監察人在第一時間知道董事會的議案內容，並得以試圖影響議案的最終結果，抑制不法議案的通過與執行。然書面決議形同實體董事會的召開，依舊存有不法決議之虞，為延續前揭監察人得以在第一時間獲悉議案存在並發表意見的精神，不應該將監察人斥於書面決議制度之外。承前討論，現行法書面決議制度僅在免除各董事之出席義務，其他相關董事會應有的召集程序要求，並未見豁免，為此按公司法第204條通知監察人之義務。

　　二、而日本法書面決議制度若遭監察人表示異議，則該書面決議將會失效，如此一來回到實體決議中，讓監察人得以表示意見即屬必然。如同前述，本文以為之所以要求全體董事必須均得對特定議案表示同意，該書面決議始能成立，是建立在一旦所有與會成員都對該議案沒有異議，就難以期待實體會議中會有集思廣益的情況發生，所以破例採便宜措施，而董事會召開過程中不僅只有與會之各董事，尚包含了特別保障列席權的監察人，但因為監察人僅僅只是列席並表示意見，並無直接影響決議結果的能力，所以設計上並不需要經過監察人同意，而是讓監察人可以表示異議，一旦監察人表示異議，就代表該議案需讓監察人陳述意見並回歸討論之必要，此時召開實體董事會的必要性就會浮現。

　　三、然而臺灣此次修法，書面決議制度並沒有引進要求全體董事同意之決議門檻，為此，縱有部分董事不認同該議案，議案仍有通過之可能，既然與會主角之個別董事異議仍無法阻止書面決議議案之通過，列席者在法無明文的情況下，恐更難解釋出同日本法之效力。惟本文以為此次公司法引進書面決議制度，僅是用來解決董事會出席問題，普通董事會中應踐行的召集程序，仍無從減免。如此一來，書面決議之告知，仍有按公司法第204條通知監察人之必要，縱然新法並未賦予監察人阻止議案之權利，

但可供監察人獲知不法議案存在後，按公司法第193-2條第2項要求董事會停止其行為。

柒、結論

　　一、在非公開發行公司的前提下，若經章程載明董事會的議案得以事先經全體董事同意「以不召集實體會議的方式，改以書面決議方式為之」者，就該議案董事得以以書面行使表決權，而該書面決議的結果形同董事會已就該議案召開了一次董事會進而做出決定。

　　二、其中透過書面行使表決權者形同實際出席並參與該次董事會，至於該議案的決議門檻如何則仍然端視各議案而定，並非需全體董事同意，如此一來異議董事將無法在會議體中影響其他董事的意見，似有侵害董事會會議體屬性之設計要求，此與香港公司條例要求需全體董事同意有著顯著的不同。

　　三、倘書面決議的結果造成公司損害，則當初以書面方式表示認同之董事無法脫免其決議責任本屬當然，而以書面表示反對意見者則形同有異議紀錄之董事，雖無決議責任存在，但就其具體議案之執行仍有其監視責任存在，而為就書面決議表示意見之董事論理上故有出席義務違反的問題存在，但實際上卻難以建構，最後還是必須訴諸監視具體議案之執行責任來解決這個問題。

　　四、最後本文認為新法書面決議制度自體系觀察僅在規範董事會董事出席方法，相關董事會召集程序要求仍無法豁免，故通知監察人之義務，召集期間的規定等，行書面決議之董事會仍有遵守之必要。

15

論董事迴避義務之利害關係人

魯忠軒

壹、前言

　　公司經營所有分離原則下，董事享有公司大部分之經營權限。為確保董事執行業務時，能本於公司最大利益而為決策，故公司法規定董事對公司應負忠實義務及善良管理人注意義務。而忠實義務之內涵，係指董事有利益衝突時，應優先考量公司之利益。忠實義務為事後追究董事責任之規定，而我國公司法亦設有事前防止董事利益衝突之方式，包含董事迴避義務、董事說明義務與代表權移轉制度以上三種規定。

　　其中董事迴避義務使董事在董事會決議，涉及董事自身利害關係並有損害公司利益之虞時，董事不得行使表決權，亦不得代理其他董事行使表決權。並按現行實務見解，有自身利害關係之董事未為迴避而為董事會決議，該決議無效，是以違反董事迴避義務之法律效果非強烈。

　　董事迴避義務為忠實義務之具體化規範，若課以董事忠實義務責任即能夠達成目的，董事迴避義務在立法上之必要性則有近一步討論之空間。而107年8月1日新修正之公司法第206條第3項，進一步增訂董事利害關係人之規定，將董事自身利害關係之定義，擴展至董事之配偶、二親等內血親，或與董事具有控制從屬關係之公司。然而董事迴避義務是否有規範之必要性尚有爭議，此次修法即擴張董事迴避義務之範圍，產生過度限制董事權限與董事規避忠實義務之疑慮。

　　本文在論述上，將先探討忠實義務與董事利益衝突防範制度之關係，並比較我國與美國法董事利益衝突立法例之不同，提出董事迴避義務修正之方向，再藉此評析新修正公司法第206條第3項增訂董事利害關係人之問題。

貳、我國董事利益衝突之相關規範

一、我國董事利益衝突之內涵與防範機制

　　90年公司法修正第23條第1項規定：「公司負責人應忠實執行業務並盡善良管理人之注意義務，如有違反致公司受有損害者，負損害賠償責任。」此為我國正式引進忠實義務之概念。惟我國公司法採民商合一之體系，並承繼大陸法制，而忠實義務之概念卻源自於英美法系，故忠實義務之相關內涵，仍應參考英美法系公司法之內涵。

　　在英美法系體系中，忠實義務（duty of loyalty）係建立在董事與公司間信託關係之受託人義務（fiduciary duty），具體而言，董事執行公司業務時，應最優先考量公司利益，避免董事為圖自己或第三人之利益，利用自己受託人之地位而犧牲公司利益。故董事面對利益衝突時，若優先選擇自己或第三人之利益而造成公司損害，則董事應對公司負損害賠償責任[1]。是以英美法概念下，忠實義務係作為處理董事利益衝突之最上位原理原則。

　　在我國公司法體系下，董事與公司間並非信託關係而為委任關係，縱然公司法未特別規定，董事依民法仍對公司負善良管理人之注意義務。故董事應本於公司之利益，為實現委任之目的而行動，當然禁止董事為圖自己或第三人之利益而犧牲公司之利益。由此可知，忠實義務在我國法概念中係包含在廣意之善良管理人注意義務範圍內，董事與公司間存在利益衝突時，董事自應優先考量公司之利益，以符合善良管理人之注意義務。

　　董事因具有利益衝突而犧牲公司利益時，除違反忠實義務而應對公司負損害賠償責任外，我國公司法亦設有相關防範機制。包含公司法第206條第2項之說明義務、公司法第206條第4項之董事迴避義務及公司法第223條之代表權移轉制度，此三種規範。

---

[1] 黃清溪主編，公司法爭議問題研析──董事篇，五南，2015年9月，頁105-107。

二、公司法第206條第2項董事之說明義務

　　法諺有云：「陽光是最好的防腐劑」，資訊充分之揭露為公司治理最佳的方式，董事會所為之決策，亦應建立在充分掌握資訊之狀況。是以解決董事利益衝突最佳之方式，乃公開董事與公司間利益衝突之全貌，並使董事會得充分討論並權衡利益衝突，進而作出最符合公司利益之決議。反之，在未揭露董事與公司利益衝突之下，董事會的決議難謂最符合公司利益之決定[2]。

　　公司法第206條第2項：「董事對於會議之事項，有自身利害關係時，應於當次董事會說明其自身利害關係之重要內容。」條文中僅明定董事有在當次會議中說明自身利害關係重要內容之義務，惟對於董事揭露前開重要內容之時點、內容、方式皆不明確，難以確保董事會能夠在利益衝突資訊充分揭露的狀況下而為決議，故公司法全盤修正委員會建議應規定，舉凡董事直接或間接與公司利益衝突者，應主動向董事會說明其利害關係[3]。

　　故107年8月1日新修正之公司法第206條第3項增訂：「董事之配偶、二親等內血親，或與董事具有控制從屬關係之公司，就前項會議之事項有利害關係者，視為董事就該事項有自身利害關係。」明文規定公司與董事有特定親屬關係或董事之控制從屬公司為交易時，皆認定董事因此間接與公司有利害關係，故董事應有說明義務。

　　又董事會決議違反說明義務之法律效果，學者認為董事會並未準用公司法第189條股東會決議方法瑕疵之規定，係立法者有意之疏漏[4]。另有學者採相同見解，認為股東會與董事會召集之成本相距甚遠，且董事皆為專業之公司經營者，更應嚴守議事規範之義務，故違反說明義務之董事會

---

[2] 陳彥良，企業併購中股東最大利益暨董事相關忠實義務——評臺灣高等法院101年度重上字第673號民事判決，月旦裁判時報，第29期，2014年10月，頁53。

[3] 公司法全盤修正修法委員會，修法建議，第三部分，2016年11月30日，頁3-175、176。

[4] 廖大穎，召集程序瑕疵與董事會決議之效力——最高法院97年台上字第925號民事判決，月旦裁判時報，第7期，2011年2月，頁52。

決議應當然無效[5]。最高法院[6]亦同此見解：「於董事會之召集程序有瑕疵時，該董事會之效力如何，公司法雖未明文規定，惟董事會為公司之權力中樞，為充分確認權力之合法、合理運作，及其決定之內容最符合所有董事及股東之權益，應嚴格要求董事會之召集程序、決議內容均須符合法律之規定，如有違反，應認為當然無效。」

　　本文認為，董事說明義務之違反並不當然使該次董事會決議無效。首先，董事之說明義務並非董事會召集程序或決議方法之一環，董事會召集程序僅為通知董事出席董事會，故具有利益衝突之董事受出席董事會之通知時，已滿足董事會之合法召集程序；而決議方法係規範董事會如何行使表決權之問題，而利益衝突董事就利益衝突事項本無表決權，若未參與該事項之表決，則無任何違反決議方法之問題。再者，利益衝突董事未盡說明義務，亦與董事會決議之內容無關。由上可知，利益衝突董事之未盡說明義務，非屬公司法第189條及第191條之決議瑕疵。

　　董事說明義務之違反，僅為利益衝突董事之個人問題，回歸董事說明義務之上位規範，以公司法第23條之忠實義務探討即可。並不應使利益衝突董事之個人問題，影響整體董事會作成之決議效力。採行無效說之見解，其法律效果強烈，若於董事會決議通過後一段時間後，始發現有利益衝突董事未盡說明義務之情形，將嚴重影響公司決策之穩定性。況且董事是否具有利益衝突並不是非黑即白，而係充滿灰色地帶，對於董事利益衝突認定之困難，將更加影響公司決策之穩定。是以董事說明義務為董事忠實義務之一環，並不應使董事個人義務之違反，而影響董事會決議之效力。

三、公司法第206條第4項之董事迴避義務

　　我國公司法第178條規定：「股東對於會議之事項，有自身利害關係致有害於公司利益之虞時，不得加入表決，並不得代理他股東行使其表決

---

[5]　柯芳枝，公司法論（下），修訂8版，三民，2009年2月，頁322。

[6]　最高法院97年台上字第925號判決。

權。」此股東利益衝突迴避之規定，依公司法第206條第4項亦準用於董事會。是以董事對於董事會決議若涉及自身利害關係，其不得加入董事會表決，亦不得代理其他董事行使表決權。

修正前之公司法第206條，對於董事迴避義務之自身利害關係之認定，僅準用公司法第178條之規定而無進一步定義自身利害關係之範疇，是以董事利害關係之認定標準在公司法修正前，似乎與股東自身利害關係之認定採同一之標準。股東利害關係之認定標準，早期實務見解[7]認為股東於會議事項有特別利害關係者，乃因其事項之決議使該股東特別取得權利或免義務，又喪失權利或負義務之謂；理論上而言，股東為公司之所有人，故任何股東會決議均會涉及股東之利害關係，若不將股東利害關係之要件限於特定股東之利害關係，則將產生全體股東均有迴避義務而無法為行使表決權之異相，故近期實務見解[8]則補充，所謂股東會決議有利害關係，以該決議事項與一般股東無涉，僅涉及特定股東之利害關係為要件。

而修正後之公司法第206條第3項，將董事自身利害關係之範圍擴展至配偶、二親等內血親，或與董事具有控制從屬關係之公司，與董事會決議有利害關係者，視為董事就該事項有利害關係。是以董事之迴避義務，已不限於董事「自身」之利害關係。

然而股東迴避義務在學說[9]上則被認為不具法理正當性，按股東表決權之行使係為追求個人經濟上之利益，若要求股東必須追求全體股東之共同利益而要求其迴避，此與股份有限公司之濃厚資合色彩有所牴觸。況且企業民主理論下，股東會決議必須反映多數股東之意志，然而股東迴避義務將可能由少數股東形成決議，而不符合多數股東之利益。

董事迴避義務立法之必要性亦遭受到質疑，學者認為[10]此目的看似杜絕有利害關係之董事參與董事會決議，而使董事會決議較為客觀中立，惟

---

[7] 大理院11年統字第1766號解釋。

[8] 最高法院104年台上字第562號民事判決。

[9] 廖大穎，論股東權行使表決權迴避之法理——兼評臺北地院91年訴字第3521號民事判決，月旦法學雜誌，2003年8月，頁237-253。

[10] 王文宇，公司與企業法制，元照，2000年5月，頁9-29。

具有利害關係之董事並不需要透過表決權之行使才能影響董事會決議，其僅需要透過往日情誼或利益輸送即可輕易達成目的，故董事迴避義務恰好給有利害關係之董事隱身於幕後之正當理由，無需對董事會決議負任何責任。

四、公司法第223條之代表權移轉規範

公司法第223條規定：「董事為自己或他人與公司為買賣、借貸或其他法律行為時，由監察人為公司之代表。」其立法目的係為防止董事長礙於同事情誼，致有犧牲公司利益之虞，故任一董事為自己或他人與公司交涉時，公司之代表權暫由監察人行使。

所謂「由監察人為公司之代表」之內涵，是否使監察人享有業務之決策權？學說認為[11]，公司權力分立原則下，監察人為公司之監督機關，實不應同時享有對內決策權，否則將有球員兼裁判且權責不符之問題。現實上，監察人對於公司業務之理解遠不及董事，倘董事之決策權移轉予監察人，應已超出監察人之能力範圍。從而依公司法第223條，公司業務決策仍由董事會作成，監察人僅單純享有對外代表公司之權限。

五、小結

董事與公司間有利益衝突時，董事應優先考量公司利益，此為董事忠實義務之內涵，若董事為自身利益而犧牲公司並致公司受有損害時，公司自得於損害發生後，向該董事求償相關損害賠償責任。對於董事利益衝突之問題，公司法已設有事後追究之規範，是以事前防範董事違反利益衝突之規範，並非不可或缺。

首先就董事之迴避義務討論，已有學者提出看法，認為此舉無法杜絕董事利用事實上之影響力左右董事會之決策，反倒使董事享有無行使表決權之外觀，一旦公司因董事利益衝突而受有損害，反倒在證明董事違反忠實義務時更加困難。本文認同前開論點，並認為表決權為董事權利之核

---

[11] 黃清溪主編，前揭註1，頁149-151。

心，若有事後追究責任之機制，不應在責任未形成之前即剝奪董事之表決權，否則將造成良善之董事無法為公司形成決議，惡意之董事無需對公司負責之情狀。

再者，董事代表權移轉制度，僅係董事長對外代表權移轉予監察人，監察人並未取得任何業務決定之權限，監察人對外仍須執行董事會決議之內容，故對於董事利益衝同之避免，並無任何實益。

本文以為，避免董事利益衝突之原因在於，公司利益衝突交易時，形式上具有兩個不同主體的外觀，讓人誤以為兩個主體間係本於各自利益對等進行交涉；然而這兩個不同主體卻都由同一董事形成意志，故具有利益衝突之董事相對於其他董事具有資訊上之優勢，可能近一步利用此資訊上優勢圖利自己或特定人。若能平衡其他董事與利益衝突董事資訊之落差，董事利益衝突之問題即可能解決，是以董事說明義務為有效避免董事利益衝突之手段，而董事迴避制度與董事代表權移轉制度皆無助防止董事利益衝突。

而董事違反說明義務之法律效果，部分學說與實務雖認為應採無效說之見解；惟董事違反說明義務僅為董事個人忠實義務之違反，與董事會無涉，亦非董事會決議瑕疵之類型，故不應影向董事會之效力，並兼顧董事會決議之穩定性。

參、美國法與我國法董事利益衝突防範制度之比較

一、德拉瓦州公司法

德拉瓦州公司法第144條[12]規定：「（一）公司與自己一名或數名董

---

[12] 德拉瓦州公司法第144條原文如下：「§144 Interested directors; quorum.

(a)No contract or transaction between a corporation and 1 or more of its directors or officers, or between a corporation and any other corporation, partnership, association, or other organization in which 1 or more of its directors or officers, are directors or officers, or have a financial interest, shall be void or voidable solely for this reason, or solely because

事、經理人間為交易；或是公司與其他具有相同董事或經理人之公司、合夥事業、法人或其他一切組織為交易；或是公司與自己董事具有利害關係之其他公司、合夥事業、法人或其他一切組織為交易。若有下列情形，其董事會決議並不當然無效：

1. 具有利害關係之董事或經理人，已將交易之關係及利益等重要事項告知或揭露予董事會或特別委員會，而多數無利害關係之董事會或委員會成員已授權該交易者；縱然無害利關係之董事未達法定人數。

2. 具有利害關係之董事或經理人，已將利益衝突之重要事項告知或揭露予有權投票之股東，並經股東會決議通過。

3. 前開交易，經董事會、特別委員會或股東會事前認可或事後追認[13]，認定為對公司公平之交易。

（二）無論一般或是具利害關係之董事，皆可計入董事會決議、委員會決議及股東會決議之定足數內。」

---

the director or officer is present at or participates in the meeting of the board or committee which authorizes the contract or transaction, or solely because any such director's or officer's votes are counted for such purpose, if:

(1)The material facts as to the director's or officer's relationship or interest and as to the contract or transaction are disclosed or are known to the board of directors or the committee, and the board or committee in good faith authorizes the contract or transaction by the affirmative votes of a majority of the disinterested directors, even though the disinterested directors be less than a quorum; or

(2)The material facts as to the director's or officer's relationship or interest and as to the contract or transaction are disclosed or are known to the stockholders entitled to vote thereon, and the contract or transaction is specifically approved in good faith by vote of the stockholders; or

(3)The contract or transaction is fair as to the corporation as of the time it is authorized, approved or ratified, by the board of directors, a committee or the stockholders.

(b)Common or interested directors may be counted in determining the presence of a quorum at a meeting of the board of directors or of a committee which authorizes the contract or transaction.」，翻譯內容參考林佩儀，論公司董事利益衝突之迴避，東吳大學法律學系碩士論文，2016年7月，頁49-50。

[13] 張心悌，控制股東與關係人交易，臺灣法學雜誌，第102特刊期，2008年1月，頁12。

由德拉瓦州公司法可知，具利害關係之董事若已將系爭交易之關係及利益告知董事會、特別委員會及股東會，並經前開會議體認定系爭交易為公平之交易而無損及公司利益，或經前開會議體事前同意或事後追認系爭交易之公平性，則系爭交易可有效成立。德拉瓦州公司法提供利益衝突董事一項安全港（safe harbor）條款，讓利益衝突董事得履行第144條之說明程序後，免除違反忠實義務之責任。換言之，德拉瓦州公司法雖無明定利益衝突董事有說明義務，惟一旦未履行第144條之說明程序，即有被認定違反忠實義務之高度可能，事實上與明定董事之說明義務，並無太大差異。

董事違反利益衝突之法律效果，在美國法中係董事違反忠實義務之類型，董事應對公司負損害賠償責任，並以回復原狀為原則。實務上因董事違反忠實義務之行為，不一定使董事獲有利益或對公司造成損害，是以並無特定之救濟方式，法院命董事賠償公司損害或確認已成立之契約無效皆屬可能[14]。

二、德拉瓦州公司法與我國法之差異

德拉瓦州公司法與我國公司法相同點在於，皆課以利益衝突董事說明義務，惟德拉瓦州公司法並無明定利益衝突之「關係」如何定義，「關係」自不限於董事與公司之間，其所著重者在於董事與公司間「利益」之衝突，與我國公司法第206條第3項修正前，將董事利益衝突限於董事「自身」利害關係之立法不同。

又德拉瓦州公司法對於董事說明義務之「方式」，分為向董事會、特別委員會及股東會說明之三種類型，僅符合其中一項即符合說明義務。此外，董事說明義務之「時點」，並不限於當次董事會，董事會、特別委員會及股東會亦可事前認可或事後追認。

再者，德拉瓦州公司法並無董事迴避義務之規範，未如我國法一概剝

---

[14] 林國彬，董事忠誠義務與司法審查標準之研究以美國德拉瓦州公司法為主要範圍，政大法學評論，第100期，2007年12月，頁206。

奪利益衝突董事之表決權。而係透過強化董事說明義務之方式，要求利益衝突董事揭露交易上重要訊息，使董事會、特別委員會及股東會成員能夠具體判斷系爭交易對公司是否有利。

三、美國模範商業公司法

美國模範商業公司法F章節以下，分別於8.60條定義何謂利益衝突、關係人及董事必要揭露之範圍；8.61條規定法院對於董事利益衝突應如何判斷；8.62條規定董事如何履行說明義務；8.63條則規定股東如何同意董事之利益衝突交易。

美國模範商業公司法第8.60條所謂「利益衝突」[15]，係指董事或其「關係人」為交易之一方，或董事與關係人與系爭交易關係緊密，並存有經濟上利益，而可合理懷疑董事決策將受影響。又董事明知下列之人為系爭交易相對人時，推定董事表決權將受影響：1.交易相對人為公司，而董事擔任相對人之董事、合夥人、代理人或員工；2.系爭交易之相對人為B公司，B公司為A公司之控制公司，而董事為A公司之董事、合夥人、代理人或員工，以及B公司為A公司所控制，董事為A公司之董事、合夥

[15] (i) whether or not the transaction is brought before the board of directors of the corporation for action, the director knows at the time of commitment that he or a related person is a party to the transaction or has a beneficial financial interest in or so closely linked to the transaction and of such financial significance to the director or a related person that the interest would reasonably be expected to exert an influence on the director's judgment if he were called upon to vote on the transaction; or (ii) the transaction is brought (or is of such character and significance to the corporation that it would in the normal course be brought) before the board of directors of the corporation for action, and the director knows at the time of commitment that any of the following persons is either a party to the transaction or has a beneficial financial interest in or so closely linked to the transaction and of such financial significance to the person that the interest would reasonably be expected to exert an influence on the director's judgment if he were called upon to vote on the transaction: (A) an entity (other than the corporation) of which the director is a director, general partner, agent, or employee; (B) a person that controls one or more of the entities specified in subclause (A) or an entity that is controlled by, or is under common control with, one or more of the entities specified in subclause (A); or (C) an individual who is a general partner, principal, or employer of the director.

人、代理人或員工；3.系爭交易之相對人為自然人，而該自然人為董事之合夥人、代理人或員工。

美國模範商業公司法第8.60條所謂董事之「關係人」[16]，係指董事的配偶（或其父母或兄弟姐妹），或董事的子女，孫子女，兄弟姐妹，父母（或其任何一方的配偶），或董事之同居人以及為前開全部關係人信託或遺產之實質受益人。

美國模範商業公司法第8.60條所謂董事「必要揭露之範圍」[17]，係指系爭交易在本質上與自身利益矛盾，以及一般人處於與董事相同之情況下，皆認為若交易持續進行，將與公司利益產生衝突。

四、美國模範商業公司法與我國法之差異

美國模範商業公司法對於董事關係人有詳細之定義，相較於我國法第206條第3項，董事配偶及二親等內血親等關係人為自然人之情況，美國模範商業公司法之範圍較大；而關係人為法人之情形，美國模範商業公司法亦不以董事對系爭法人具備控制關係為必要。故美國模範商業公司法相較於我國課以利益衝突董事較重之說明義務。

又美國模範商業公司法與德拉瓦州公司法相同，並未設有董事迴避義務之規範，並未剝奪利益衝突董事之表決權，而違反利益衝突之董事會決議亦非當然無效，必須具體認定董事違反忠實義務之情結等因素。

---

[16] (3) "Related person" of a director means (i) the spouse (or a parent or sibling thereof) of the director, or a child, grandchild, sibling, parent (or spouse of any thereof) of the director, or an individual having the same home as the director, or a trust or estate of which an individual specified in this clause (i) is a substantial beneficiary; or (ii) a trust, estate, incompetent, conservatee, or minor of which the director is a fiduciary.

[17] (4) "Required disclosure" means disclosure by the director who has a conflicting interest of (i) the existence and nature of his conflicting interest, and (ii) all facts known to him respecting the subject matter of the transaction that an ordinarily prudent person would reasonably believe to be material to a judgment about whether or not to proceed with the transaction.

肆、公司法第206條董事利害關係人之修正評析

一、考量刪除董事迴避義務之規定

　　公司法第206條第3項修正後,將董事之配偶、二親等內血親或與董事具有控制從屬關係之公司,認定為董事之利害關係人,並視同董事之自身利害關係,以修法之方式,突破法條文義所定「自身」利害關係之要件。此次修法也同時擴張了公司法第206條第2項董事說明義務及同條第4項董事迴避義務之範圍。

　　董事說明義務與董事迴避義務同屬事前預防董事利益衝突之機制,惟防止董事利益衝突之本質在於資訊上之落差,理論上利益衝突董事若能完全揭露其「關係」與「利益」之所在,並不需要禁止利益衝突董事參與表決。且利益衝突之交易也非一概有害於公司,關鍵仍在於董事會是否能夠憑藉完整資訊做出判斷。

　　又從權責相符之角度出發,既然具有利益衝突之董事無法行使表決權,則相對不需對該董事會決議負責任。然利益衝突董事仍能發揮現實上之影響力左右董事會決議,事後追究忠實義務責任時,董事迴避制度反倒成利益衝突董事最有利之抗辯。

　　綜上,董事迴避義務並無法達成控制利益衝突交易之目的,立法者得考量是否將董事迴避制度刪除,且美國法中亦無董事迴避之制度。此外,本次公司法第206條第3項增訂法理由僅提及:「明定董事之配偶……就會議事項有利害關係者,視為董事就該事項有利害關係,董事應於當次董事會說明其自身利害關係之重要內容」,對於董事迴避義務部分卻隻字未提,亦似有單獨擴增董事說明義務範圍之意涵。

二、考量將「自身」利害關係改為利害關係

　　本次修法將董事之配偶、二親等內血親,或與董事具有控制從屬關係之公司認定為董事之利害關係人,並將此利害關係視為董事自身之利害關

係，其理由在於無論董事迴避義務亦或董事說明義務，法條皆有「自身」利害關係之明文，將董事利害關係之範圍限縮在董事自身，而不及於其他利害關係人。

本次董事利害關係人規定增訂後，雖然擴展董事利害關係之範圍，然其範圍亦僅及於法條明文之董事之配偶、二親等內血親，或與董事具有控制從屬關係之公司。與美國法相比較，未如德拉瓦州公司法著重「利益」之判斷，而將「關係」之認定放寬；亦未如美國模範商業公司法將利害關係人類型詳細規定且設有概括條款。我國法利害關係人之範圍顯然遠小於美國法之規範，實有畫地自限之疑慮。

因此，立法者得考量將董事「自身」利害關係相關規範，刪除「自身」之要件，使董事利害關係不再受自身之限制。而新修正之公司法第206條第3項雖列舉利害關係人之類型，卻不會將利害關係人限定在列舉範圍內，更擴張董事說明義務之範圍，課以利害關係董事更重之說明義務，以達成防止董事利益衝突之目的。

三、考量明定董事說明義務之違反不影響董事會之決議

董事違反說明義務之法律效果，部分學說與實務考量董事會召集程序較為彈性與股東會不同，董事會決議之成本亦遠低於股東會決議成本，為督促利益衝突董事踐行說明義務，認為違反董事說明義務之法律效果應採無效說；惟董事違反說明義務僅為董事個人忠實義務之違反，與董事會無涉，亦非董事會決議瑕疵之類型，故不應影向董事會之效力，且為兼顧董事會決議之穩定性，本文認為不應採無效說之見解。為免爭議，本次公司法第206條第2項之修正，應考量明定董事說明義務違反不影響董事會決議之相關規範。

16

我國員工獎勵酬勞制度之評析

黃鋒榮

壹、前言

　　近年來國內企業經營上面臨國際人才流動快速的激烈市場競爭，為增加企業經營彈性，賦予企業更彈性靈活運用的員工獎酬工具，使國內公司企業留才（財）的助力，成為本年（2018）公司法修正重點之一。

　　回顧我國為推動員工入股之政策，於1966年修正公司法第267條，公司在現金增資發行新股時，保留部分股票供員工入股；復於1980年間修正公司法增列第235條第2項規定，章程應訂明員工分配紅利之成數，從此將員工紅利納入公司盈餘分配之範疇，亦即員工除一般工作所得之薪資、福利津貼以及各項獎金外，尚可與股東享有分配盈餘之權益。歷經國內經濟高速成長與半導體製造等高科技產業之興起，員工紅利配股成為高科技產業延攬人才的利器，也創造出不少高科技新貴。

　　至於酬勞性認股選擇權制度，直到2000年證券交易法修正及2001年公司法修正，我國正式引進庫藏股轉讓員工[1]及員工認股權[2]，我國之員工獎酬制度乃進入員工分紅及認股權並行之時代。

　　由於員工分紅配股未以費用認列而作為盈餘的分配[3]，且配股按面額

---

[1] 證券交易法第28-2條及公司法第167-1條規定，公司可收買其本身股份（即庫藏股）於一定期限內轉讓於員工，主管機關亦配合訂定上市上櫃公司買回本公司股份辦法。

[2] 證券交易法第28-3條及公司法第167-2條規定，公司可發給員工認股權憑證，約定於一定期間內，由員工依約定價格認購特定數量之公司股份，主管機關亦配合訂定員工認股選擇權憑證制度實施辦法。

[3] 1980年我國公司法修正，於第235條第2項規定，公司「章程應訂明員工分配紅利之成數。」員工分紅係屬公司法明訂之盈餘分配項目，又依2006年5月24日修正前之商

轉入股本，不但隱匿了龐大的酬勞費用，更扭曲了經濟實質，使得每股盈餘被嚴重高估、嚴重稀釋，讓股東權益遭受到傷害[4]，久為外資投資人及股東所詬病[5]。2006年配合員工分配紅利費用化之世界趨勢，修正商業會計法第64條規定，將員工分配紅利全數依公平市價認列為費用；復於2015年5月間修正公司法時，以導正國內工資長期偏低為由，刪除原公司法第235條第2項員工分配紅利之規定，增訂第235-1條，章程應訂明員工酬勞，且將發給股票或現金之對象，擴及符合一定條件之從屬公司員工。

在本年修法時，更進一步將員工新股認購（第267條第7項）、限制員工權利新股（第267條第11項）及員工認股權（第167-2條第3項）發給對象包括符合一定條件之控制或從屬公司員工。同時，另將2011年增訂公開發行股票之公司可發行限制員工權利新股之制度，擴及至未公開發行股票之公司亦得適用（第267條第9項）。

本文擬先就員工獎勵酬勞制度及員工獎勵酬勞之性質後，再探討我國公司法在員工酬勞之立法及將員工獎酬發放擴及至符合一定條件之控制或從屬公司員工等兩大問題。

貳、員工獎勵酬勞制度簡述

員工獎酬制度通常依其給付標的不同，分為以現金或其他財產為給

業會計法第64條規定，商業盈餘之分配，如股息、紅利等不得作為費用或損失。經濟部於2007年1月24日以經商字第09600500940號令規定，對於員工分紅之會計處理參考國際會計準則之規範，應列於費用，自2008年1月1日起生效。

[4] 何典諭、蔡文雄，會計及稅制改變對權益型獎酬制度的衝擊——兼論企業之員工激勵工具選擇，會計研究月刊，第251期，2006年，頁44。

[5] 2002年7月18日，亞洲華爾街日報以頭版頭條嚴厲指責臺灣員工分紅制度。該報導指出臺灣高科技公司員工分紅所可能牽涉的問題，並指出「臺灣高科技產業對員工大量配發紅利，是全世界對員工最慷慨的企業，此舉造成外國投資人的權益與日劇減，外資甚至已經準備『處罰』這些企業。」許崇源、張仲岳、葉疏，中立真實表達不致扭曲決策我們認為員工分紅應列為費用！，會計研究月刊，第213期，2003年，頁100。

付標的之非權益型員工獎勵酬勞，以及以公司權益證券（含股票及認股權證）為支付標的權益型員工獎勵酬勞。在制度設計上包括庫藏股轉讓與員工、員工認股權憑證、現金增資保留員工優先認股權、大股東股權信託孳息轉讓與員工（技術股或乾股）等，茲簡述如下：

一、庫藏股轉讓與員工

公司為發放股票作為員工獎勵酬勞，於是先經由證券市場或洽公司股東買回自家公司股票。員工認購庫藏股時，公司以本身之權益商品支付，其市價與履約價格之差額，視為員工的其他所得，在給予庫藏股日，企業應依所給予的權益商品公平價值來衡量所取得員工的勞務，認列的時點與金額可能不同。在無償轉讓者應於轉讓時，公司以公平價值認列為薪資費用，公平價值與買回平均價格之差額認列為其他收入。

我國公司法第167-1條規定，公司除法律另有規定者外，得經董事會以董事三分之二以上之出席及出席董事過半數同意之決議，於不超過該公司已發行股份總數百分之五之範圍內[6]，收買其股份；收買股份之總金額，不得逾保留盈餘加已實現之資本公積之金額。又公司收買之股份，應於三年內轉讓於員工，屆期未轉讓者，視為公司未發行股份，並為變更登記。

二、員工認股權憑證

員工認股權是一種以公司股票為標的，透過執行價值的設定，將公司未來成長的表現與員工的獎勵酬勞連結，促使員工致力於公司的成長，以極大化股價。員工認股權制度係為員工長期誘因之報酬制度，特別針對資金較缺乏、創業期或成長期之公司，可藉由發行認股權憑證增加員工的穩定性及向心力。

---

[6] 上市上櫃公司執行員工庫藏股，係依證券交易法第28-2條規定，上市上櫃公司得於有價證券集中交易市場、或證券商營業處所買回其股票，轉讓股份與員工。公司買回股份之數量比例，不得超過該公司已發行股份總數10%；收買股份之總金額，則不得逾保留盈餘加發行股份溢價已實現之資本公積之金額。

我國公司法第167-2條規定，公司除法律或章程另有規定者外，得經董事會以董事三分之二以上之出席及出席董事過半數同意之決議，與員工簽訂認股權契約，約定於一定期間內，員工得依約定價格認購特定數量之公司股份，訂約後由公司發給員工認股權憑證。員工取得認股權憑證，不得轉讓，但因繼承者，不在此限。認股價格得低於發行日之收盤價，惟須經股東會特別決議並應於章程中訂定。

三、限制員工權利新股

限制員工權利新股係一種限制性股票（Restricted Stock）權益型來激勵員工的方法。通常由公司有償（以發行價格認購）或者無償授予股票給員工，並以契約設計，依照事先約定的一段特定期間，或是在期間內達成財務目標的時點，員工於限制期間內（vesting period）不得轉讓股票，工作期滿或達成既定的財務目標後，才能享有股票處分權。

我國限制員工權利新股可依公司法第267條第1項規定，公司發行新股時，除經目的事業中央主管機關專案核定者外，應保留發行新股總數百分之十至十五之股份由公司員工承購；員工承購之股份，得限制在一定期間內不得轉讓。但其期間最長不得超過二年。亦可依同法條第9項規定，經有代表公司已發行股份總數三分之二以上股東出席之股東會，以出席股東表決權過半數之同意發行限制員工權利新股。

四、大股東提供其持股或股權信託之股票孳息轉讓予員工（技術股或乾股）

由股東轉讓權益商品予員工應視為兩項交易，其一為企業取得股東所提供（捐贈）之權益商品，其二為企業發行權益商品予員工並取得員工提供之勞務為對價之交易。公司應以員工取得股票孳息時之市價，認列為費用，並同時增加資本公積。此種員工獎勵酬勞制度，係公司欲招攬或留用優秀人才，但缺乏資金時，大股東為爭取未來之盈餘，提供其持股或以自己持有之公司股票辦理他益信託，約定將股票孳息（股票股利）捐贈給公司，再轉讓予員工作為其技術股或乾股。

　　由於目前員工認股權憑證（選擇權）之發給，認列為費用，因此採行員工選擇權以及員工認股計畫的權益型獎酬計畫，都因而產生顯著下滑的趨勢，同時，限制型持股（RS/RSU）與其他權益型獎酬制度則漸漸為各大企業使用，例如股票增值權計畫（stock appreciation rights plans, Phantom）、績效分潤制度（performance share plan）與績效型股票選擇權（performance stock options）[7]等，使得員工獎酬制度設計更加個別化與複雜化，欲以法律逐一規範，更顯難度。

參、對於公司法立法規範員工酬勞之商榷

　　依2015年增訂公司法第235-1條之目的，係因應國內薪資偏低而推動之相關修法，其原意係為國內普遍薪資偏低的勞工，希望透過法律規定，要求企業於章程中，根據盈餘訂定一定金額或比例作為員工酬勞，讓員工可以實質增加收入，但也引起各界熱烈討論[8]。本文擬以員工酬勞之性質、盈餘與工資之區分及等三方面觀察，員工酬勞之立法採保留態度：

一、員工酬勞之性質

（一）員工酬勞是勞工提供勞務的所得，並非是以公司之盈餘為前提

　　公司為達成獲取員工提供勞務以創造公司盈餘之目的，所支付的成本費用。通常公司除一般定期給付之薪資外，會設計許多激勵措施，在員工平日工作時，提供經濟性誘因，鼓勵員工於崗位上戮力工作，以求達成績

---

[7] 目前SARs, RS/RSU, Phantom, performance share plan, performance stock options等工具尚未引入國內。

[8] 立法院於2015年5月1日修正通過公司法第235-1條，即所謂的加薪四法之一，希望提升員工分享企業獲利的權益。王金來，加薪四法用意良善效益乏善，經濟日報，2015年5月5日，http://money.udn.com/money/story/5629/881684，最後瀏覽日期：2018年12月3日；陳瑞珠，加薪四法加不加對勞資都不佳，財富週報，B5版，2015年5月4日。

效目標；當所設定的階段性目標達成時，即會依支給標準核發績效獎金，以作為員工努力之額外報酬。另依我國民俗習慣，於春節、端午與中秋等三節日與年終時多有按例發給員工獎金或紅包，其金額雖有多寡之差別，但都是員工可期待獲得之酬勞。簡言之，員工酬勞是勞工提供勞務的所得，也是公司經營成本的一部分，其金額之多寡或許會隨公司當期或當年度之獲利狀況而起伏，但其波動幅度不大，公司更不能因獲利不佳或發生虧損，而可不發放給員工酬勞。

　　依2015年5月20日公司法增訂第235-1條第1項規定，公司應於章程訂明以當年度獲利狀況之定額或比率，分派員工酬勞；但公司尚有累積虧損時，應予彌補。員工酬勞本是公司為獲取員工勞務所支付代價之一種工具，但公司法卻將之定位在須公司完全無虧損而有剩餘盈餘之前提下，才能履行實現之義務，顯然係延續修法前之員工分紅概念，而改以員工酬勞之名義行之，並非真正之員工酬勞。

(二)員工酬勞具有稀釋盈餘與財富移轉之效果

　　以現金支給員工酬勞為用人薪資費用，屬企業經營成本之一，反映在發給當期經營成果之損益表上，雖然因成本費用增加而淨利減少，股東可分配之盈餘亦隨之減少，但影響所及僅限當期之盈餘，員工並未因而增加對公司之持股數量，因此不會影響公司股東權益之組成結構。

　　如以發行新股或庫藏股作為支給員工酬勞之工具時，不但屬於企業經營成本之用人薪資費用，直接反映在發給當期經營成果之損益表上，會造成公司盈餘顯著的稀釋效應，而這樣的效應在高科技產業當中更是分外明顯[9]。另外，也因為員工取得對公司之持股數量，而改變股東權益之組成結構，進一步稀釋原股東對公司未來盈餘之分配權益。據Bebchuk etc.（2003）提到，員工選擇權將造成財富移轉的效果，使原本屬於股東的財富移轉到管理者的手中，他們同時也認為，認股權之所以被大量的運用，主要的原因是因為認股權相較於現金的分派，更容易達成管理當局移轉財

---

[9] 何典諭、蔡文雄，前揭註4，頁42。

富的目的[10]。

二、盈餘分派與員工酬勞之區分

　　勞動是各種財貨或勞務生產過程中不可缺乏之要素，從資本主義觀點，勞動、資本和土地是最基本的三種生產要素，也是創造商品價值的源泉；再依分配理論，各個要素的所有者就應分別依據各自提供的生產性服務，取得各自的收入，而勞動的所有者得到工資、資本的所有者得到利息（或盈餘）、土地的所有者得到地租，其各自能取得份額多寡則交由市場供需來決定。但在社會主義和共產主義將所有其他生產要素全部實行公有制的前提下，依馬克思主義經濟學之觀點，則認為只有勞動創造價值，而其他要素雖然也參與財富的生產過程，但並不創造價值，因此作為勞動主體的人就成為諸生產要素中的最重要因素，就只能實行按勞（動力）分配或按（勞動力的）需（要）分配所創造的商品價值。這兩種價值觀點的不同，是衍自於資本主義與共產主義不同經濟體系下之必然現象，但在資本主義市場中，卻常被不當引用而認為商品價值主要是由勞工所創造，勞工僅領些微薄薪資而雇主（資本的所有者）卻賺取大部分利潤，造成剝削或壓榨勞工之輿論，迫使政府須立法介入最低薪資及企業盈餘之分配，以保障勞工權益，看似合乎公平正義，但卻是干擾資民主義自由經濟運作，其效果就令人質疑。

　　按公司無論是否有盈餘，員工均有其基本薪資及福利或其他獎勵。反觀股東之盈餘分派，係於公司有盈餘且除了繳納稅捐外，尚須先填補累積虧損，並提列各類公積後，再經股東（會）及董事（會）同意（決議）發放時，始得享有之請求權，且在公司虧損時，股東須自行承擔投資價值之減損，充滿許多不確定性，也是風險與忍受延遲消費的報酬，此乃股東權益與員工權益不同。而盈餘分派請求權是營利性公司股東最重要的權利之一，特別是在經營權與所有權分離之大型股份有限公司，眾多未參與公司業務經營之股東，其投資之主要目的與期待所在。員工得以分派盈餘，係

---

[10] 何典諭、蔡文雄，前揭註4，頁43。

因法律之規定而取得，然此規定實與盈餘專屬於股東權利之理論衝突。

三、員工酬勞之給付屬於公司經營決策之自治範疇

　　員工酬勞屬經營者之裁量空間，管理階層除了現金給付員工薪資或發給獎金外，除了發行具有權益性質之有價證券，因涉及股東權益，而應遵循依公司法增資發行新股或收回庫藏股等法定規定外，員工酬勞之發給應屬經營者之裁量，而所發生之支出費用為公司之營運成本費用，為經營成果之一環，將反映於當期之損益表中。

　　以經濟學角度觀察，經營管理之高階管理人才與公司基本員工，在自由經濟市場中，其人力市場是開放競爭的，供給與需求法則（又稱一隻看不見的手）自然會決定市場均衡的價格（即工資或員工獎勵酬勞）；除非市場機能嚴重失衡，始期待由政府部門介入（又稱另一隻看得見的手），以運用公權力調整市場恢復機能，因政府之措施多為管制性質，易造成地下經濟活動與財富重分配效果，因此政府部門介入前須作謹慎評估，且均求在最短期間內恢復市場機能。

　　在現今資訊發達、交通便捷之地球村環境下，發生長期薪資偏低現象，不純然是人力市場之供需失衡所致，其背後可能存在整體經濟結構不良，產業附加價值偏低或人力競爭力低弱等多重因素所導致，驟然從法律面去強制拉升工資水準，恐會有飲鴆止渴之憂。況公司法為商法之本，縱使以公司應盡社會責任為由，企圖強制讓公司提撥員工酬勞，反使中小企業部門深怕員工酬勞訂入章程後，成為公司的法定義務，紛紛調低員工酬勞之一定比率或定額[11]，期待員工酬勞發放，宛若緣木求魚。

---

[11] 依筆者執業之觀察，中小企業主為避免未來發放員工酬勞之爭議，在章程中訂立之員工酬勞比率，普遍壓低其比率或定額，例如比率訂為萬分之一、百萬分之或億萬分之一，定額則以1元、1,000元或10,000元等金額。

肆、對於員工獎勵酬勞發放擴及符合一定條件之控制或從屬公司員工之評析

　　我國公司法雖規範關係企業，但並未承認公司集團為一獨立法人，各控制或從屬公司間仍是不同的獨立法律主體，由特定一家控制或從屬公司將員工獎勵酬勞（不論是現金或股票）發放至其他控制或從屬公司之員工，將產生下列問題：

　　一、對該特定控制或從屬公司而言，員工獎勵酬勞非屬薪資費用而是對其他控制或從屬公司投資金額之增加或減少。

　　（一）由於發給之對象為其他控制或從屬公司之員工，而發給之目的係作為取得該員工之勞務，因此必須先將現金、股票或認股權證先移轉給與員工之雇主（其他控制或從屬公司），再由雇主依所定之員工獎勵酬勞計畫或其與員工所定之契約發給員工。因發放員工獎勵酬勞之公司，並未取得發給對象員工之勞務，而是由其他控制或從屬公司取得發給對象員工之勞務，以期增加其他控制或從屬公司之盈餘，所以應視為對該員所屬公司之投資增加（從屬公司）或是返還原投資部分金額（控制公司）。

　　（二）另依據所得稅法第38條規定，發放員工獎勵酬勞之費用，因非屬該公司經營本業及附屬業務之費用或損失，不得列為該特定控制或從屬公司之費用或損失，將發生在租稅上之不利益。

　　二、對其他控制或從屬公司而言，雖非以公司之自己資源支付，卻是公司之薪資費用。

　　（一）誠如上述，由於其他控制或從屬公司雖只是經手轉發而未動支自己資源給員工，因取得發放對象之員工提供勞務，故屬於公司之薪資費用。

　　（二）另自該特定控制或從屬公司取得員工獎勵酬勞之標的，非屬雙方之間交易事項，沒有對等代價，類似受贈之財產而應為資本公積之增加。

（三）所轉發之員工獎勵酬勞費用，因取得發放對象之員工提供勞務，屬於該公司經營本業及附屬業務之費用或損失，依據所得稅法第38條規定，得列為公司之費用或損失；但因無償取得員工獎勵酬勞之標的，可能被認定為取自營利事業贈與之財產，而依所得稅法第4條規定，非為免稅所得（認列為其他所得）。二者互為抵銷之結果，對其他控制或從屬公司當年度所得而言，並無影響。

三、各控制或從屬公司間結構不同，持股與控制能力不同，又對於控制性交易所產生之利益或損失，尚缺乏補償機制，跨公司間之員工獎勵酬勞發放，究能作為補償工具，或成為另一項控制工具，則有待個案觀察。且員工獎勵酬勞之發放，容易對公司產生當年度盈餘之稀釋，以及影響員股東權益之結構，極可能損及各控制或從屬公司少數股權之權益，而使得問題更加複雜化。

伍、結論

公司章程係規範公司所有權與經營權運作的根本大法，其規範主體為公司內部機關與其成員間之權利義務關係為主，而有關公司雇用員工之薪資報酬，在性質上屬公司經營範疇，公司與員工之權利義務為契約關係，本不應在公司章程規範範疇中，我國公司法卻強行規定公司應在章程中訂立員工酬勞，的確顯得突兀。

由於現代交通發達與網路雲端科技之發展，人力市場已呈現國際化趨勢，市場競爭激烈，刻意壓低員工薪資酬勞之企業，則難以在競爭的人力市場中取得所需的合適人才，終遭市場經濟之供需原則所淘汰。而公司管理階層所面對的是如何運用有限之資源，設計更佳且有效之員工薪資獎酬制度，在薪酬制度朝向個別化與複雜化的時代潮流下，政府部門欲以法律規範介入干預，亦難以發揮效力。

在員工獎酬費用化已成為國際公認之會計處理方式前提下，其精神在真實反映企業使用人力資源所支付之現金或權益證券之總成本，以反映企

業經營績效，最終表達其在企業之損益表與資產負債表，以供公司股東與外部債權人等報表使用者參考，避免經營管理階層利用員工獎酬費用之支付工具或會計政策選擇，掩飾其對盈餘之稀釋與對股東權益之影響。

當然，如何在員工福利及股東權益間取得平衡，為投資人及管理者所關切之議題。經營管理階層決定給予員工權益證券或賦予認股權，仍應本善良管理人之注意與忠實義務作決策，如有違背而損及公司或他人權益，應負公司法第23條之損害賠償或連帶賠償責任。至於應將相關資訊在財務報表中充分揭露，的確有妥為規範之必要，但這是屬於會計處理之技術問題，應屬商業會計法及企業會計準則之立法範疇。

最後，臺積電前董事長張忠謀先生曾表示，提高薪水應是自由人力市場的事，由政府來勸違反自由人力市場[12]。立法者與執政者想利用修法手段來提升國內薪資水準，本就違反市場競爭之原則，其效果值得懷疑[13]，特別是將公司法亦作為政策工具，實不可取。本文認為，公司法第235-1條規定宜予刪除，而將員工新股認購（第267條第7項）、限制員工權利新股（第267條第11項）及員工認股權（第167-2條第3項）發給對象擴及符合一定條件之控制或從屬公司員工，則因各控制或從屬公司股東構成不同，我國承認公司集團為一獨立法人之法制尚未形成，相關稅法之配套規定亦未建立，如欲實施，則宜制定對少數股權或不認同公司發放給其他控

---

[12] 許家禎，臺塑調薪4%再加4K慰勉金臺積、鴻海分紅加薪這樣做，2018年7月18日，今日新聞，https://www.nownews.com/news/20180718/2789593/，最後瀏覽日期：2018年12月3日。

[13] 公司法於104年將員工酬勞另為章程應訂事項，實施至今已逾三年，對國內薪資水準之影響，尚未有相關之統計研究，如從行政主計總處公布之受雇員工薪資統計速報顯示，104年工業及服務業每人每月總薪資為48,490元，製造業每人每月總薪資為46,781元，至107年（1-11月）工業及服務業每人每月總薪資為52,059元，製造業每人每月總薪資為51,194元，分別增加3,569元及4,413元，但基本工資由104年之20,008元至107年之22,000元（增加1,992元），且消費者物價指數104年底至107年11月底增幅為103.57%，實無法顯示員工酬勞之規定，對受雇員工薪資之提升情況。中華民國統計資訊網，https://www1.stat.gov.tw/point.asp?index=2，及行政院主計總處，https://www.dgbas.gov.tw/public/Data/9110160368VQBV68D.pdf，最後瀏覽日期：2019年1月25日。

制或從屬公司員工新股或認股權之決策者，給予補償或救濟措施之規定，以求周延。

17

公司法私募修正之謬誤

游聖佳

壹、本文爭點緣由

發行公司債招資，為股份有限公司得長期對外募取資金之直接金融方式。證券交易法民國91年2月6日修法前，民國77年版證券交易法第7條規定僅得以公開募集制度為發行公司債[1]，然因公開發行股份有限公司就有價證券為募集、發行時須經主管機關核定或申報生效始得為之，無法以較簡便方式取得資金，故參考美國、日本、英國等制度，於公開募集制度之外，引進相對應之「私募發行制度」增訂，來增加企業籌資管道，以便利企業利用併購方式進行快速轉型，藉此修正證券交易法排除有價證券之募集應經主管機關核定或申報生效後始得為之之限制[2]，故民國91年修訂證券交易法第7條增訂第2項私募定義暨其相關規範，即現行證券交易法第7條：「本法所稱募集，謂發起人於公司成立前或發行公司於發行前，對非特定人公開招募有價證券之行為（第1項）。本法所稱私募，謂已依本法發行股票之公司依第四十三條之六第一項及第二項規定，對特定人招募有價證券之行為（第2項）。」來區分向非特定大眾公開招資之「募集」與向特定少數人為集資之「私募」二者概念，鬆綁公開發行股份有限公司之籌資方式。

然證券交易法適用主體僅為公開發行之股份有限公司，回觀如同企業法規總則地位之公司法規定，民國55年版即現行法公司法第246條規定：

---

[1] 民國91年修法前之民國77年版證券交易法第7條：「本法所稱募集，謂發起人於公司成立前或發行公司於發行前，對非特定人公開招募股份或公司債之行為。」

[2] 立法院公報，第91卷第十期院會紀錄，頁400-436。

「公司經董事會決議後，得募集公司債。但須將募集公司債之原因及有關事項報告股東會（第1項）。前項決議，應由三分之二以上董事之出席，及出席董事過半數之同意行之（第2項）。」換言之，併77年版證券交易法規定交互適用的結果，僅有公開發行股份有限公司得以公開發行公司債來募集資金，非公開發行股份有限公司無公司債規定之適用，不利中小企業籌資發展。故在證券交易法第7條修正前三個月，即民國90年11月12日，考量有價證券之私募因應募者只限於少數特定人，不若公開承銷涉及層面廣大，應可允許鬆綁規範，配合同時公司法第156條公司採行公開發行自治，規定上私募之發行當不必受限於公開發行公司；況公司發行前之平均淨利並不能保證公司未來獲利，應依各應募人主觀認定，由其自行承擔投資風險，不需硬性規定公司應平均淨利百分比多少始得私募，亦不必於發行前向主管機關申請或交由其事前審查，只需發行後備查即可[3]，故開放非公開發行股份有限公司之籌資管道多元化，增訂民國90年版公司法第248條第2、3項私募規定，使非公開發行股份有限公司得對外集資取得營業資金，活絡投資市場，讓外部投資人有多方投資空間致獲利益。

但，民國90年11月公司法修法未予斟酌如同之後的證券交易法將「募集」與「私募」二者區分定位；隔三個月後之民國91年2月版證券交易法修法亦無全盤檢討調整原證券交易法中「募集」規定，導致原證券交易法中相關募集規定可能涵蓋「公募」與「私募」概念混淆一同。例如證券交易法第8條僅針對「募集」發行規定，然無論是公募亦或私募，實皆為發行有價證券之「發行公司債」，如此將造成私募之發行程序如何？付之闕如。又如證券交易法第20條雖有將私募之不法行為列入證券交易法侵權行為範圍之列，然同法第21條後段消滅時效起算點竟規定：「本法規定之損害賠償請求權，自有請求權人知有得受賠償之原因時起二年間不行使而消滅；自募集、發行或買賣之日起逾五年者亦同。」而漏未規定私募行為，如此私募究竟有無證券交易法第21條後段適用？又或是「募集」概念應

---

[3] 民國90年11月12日公司法第248條立法理由。

擴大解釋？或類推適用第21條？亦有疑義[4]。諸此漏缺，皆是該階段修法時，未予考量的。

相同毛病同樣發生在公司法上，且相較證券交易法而言，法規之混亂更可謂是有過之而無不及。承如前述，民國90年11月公司法增訂第248條第2、3項私募規定前，公司法公司債章節全然適用於公開發行股份有限公司，要無問題。然增訂私募規定後，首先面臨者，係公司私募之決定機關為何？是有爭議。公司法第246條就立法沿革與法規解釋上僅適用於公開募集，如此，則私募公司債之決定機關依據是否亦適用公司法第246條規定？適當與否？易而言，公司法第246條公司債決定機關之依據，究竟是屬於根本性的「定位性適用」？還是「特定募集規定適用」？似須釐清。其次，此次民國107年修法前，公司債私募於公司法第248條第2項僅規定「公司債之私募」，條文可謂簡單，則公司法法定公司債種類有同條第1項第18款之「可轉換公司債」以及同法條項第19款之「附認股權公司債」兩種類型，該二種公司債可否私募？亦有疑義。核公司法公司債規定本就是為公開募集制度設計，增訂私募制度於第248條第2項，民國107年修法前條文字並未限制其發行類型，究竟非公開發行公司是否可私募普通公司債以外類型之公司債？肯否見解分歧。

上開兩則問題，下併此次民國107年三讀通過之公司法新修條文，專就公司法範圍部分進行討論。

貳、公司法規定之公司債「募集」與「私募」

一、公司法之「募集」

公司法本身對於「募集」與「私募」二詞並無如證券交易法第7條有明文定義，見解多爰證券交易法第7條概念予以解釋，即謂「募集」者，

---

[4] 涂春金，有價證券私募制度相關法律問題之探討，財稅研究，35卷1期，2003年1月，頁140-154。

係對非特定人公開招募公司債之行為；「私募」者，則係是對特定人招募公司債之行為[5]。以此將兩者為定義上區隔。

通說認為，僅有公開發行股份有限公司得為公開招募行為，故公開發行公司欲為公開募集公司債時，除公司法規定者外，尚須遵循證券交易法相關規定，並以證券交易法優先適用。非公開發行公司既是股份未公開發行，當然不得為公開招募公司債之行為。則公開發行公司若就公司法之募集規定以觀，進行募集公司債時，應經董事會特別決議後，始得募集公司債，並將原因及有關事項報告股東會（公司§246）；而於欲發行可轉換公司債或附認股權公司債時，應將「可轉換股份數額」、「可認購股份數額」加計「已發行股份總數」再加計「已發行之未來可轉換股、認股之數額」，計算後之數額若超過章程所定股份總數時，應先變更章程增加章定資本額後（公司§277），始得為之（公司§248 I ⑱、⑲、VII），並與金融或信託業者成立一利他性之信託契約（公司§248 VI）。復因公開募集公司債按證券交易法第22條規定採「申報生效制」[6]，故公司應於申報募集公司債時，載明法定應記載事項，交予會計師（公司§248 I ⑦、⑨～⑪、⑰）與律師簽證（公司§248 I ⑫～⑯）後，向證券主管機關申請辦理發行公司債（公司§248 I、IV、V、VI、§251）；經申請核准後，董事會應於核准通知到達之日起三十日內，備就公司債應募書，記載應載事項後為公告，開始募集（公司§252 I）。董事會若超過期限未開始募集而仍須募集者，就應重行向證券主管機關申請核准（公司§252 II）。公司債經應募人應募，並以現金繳足所認金額後，公司將公司債債券記載應記載事項，交由代表董事簽名或蓋章，並經依法得擔任債券發行簽證人之銀行簽證後，發行予應募人[7]，並製作公司債存根簿（公司§253～

---

[5] 柯芳枝，公司法論（下），9版，三民，2014年9月，頁148；王文宇，公司法論，5版，元照，2016年7月，頁504；廖大穎，解析證券交易法之部分新修正——公開收購與私募制度，月旦法學雜誌，第83期，2002年4月，頁255。

[6] 證券交易法第22條第1項：「有價證券之募集及發行，除政府債券或經主管機關核定之其他有價證券外，非向主管機關申報生效後，不得為之。」

[7] 然發行公司債簽證之公司法第257條規定，於民國107年修法三讀通過修訂為：「公

§256、107年新修§257、§258），而就公司債債券，為發行實體或無實體公司債債券（107年新修之公司§257、§257-2、證交§43II）。

二、公司法之「私募」

1. 民國107年三讀通過前之非公開發行公司私募之決定機關

　　私募公司債制度之適用主體按公司法第248條第2項後段規定，發行公司不以上市、上櫃、公開發行股票之公司為限；即不限公開發行股份有限公司可為，非公開者亦可為之。而公開發行股份有限公司按證券交易法第7條第2項規定優先適用證券交易法處理；非公開發行公司因無公開發行，自回歸公司法適用。

　　惟非公開發行公司私募公司債之決定機關為何？甚有疑問。蓋公司法第246條是規定「得募集公司債」，按立法沿革以及證券交易法第7條規定以觀，公司法第246條係為「公開募集」而言[8]；即法條解釋論上僅能認為係屬公開募集公司債之決定機關規定，要無私募公司債之適用。又公開發行公司之私募，另自有證券交易法第43-6條第1項：「公開發行股票之公司，得以有代表已發行股份總數過半數股東之出席，出席股東表決權三分之二以上之同意，對左列之人進行有價證券之私募，不受第二十八條之一、第一百三十九條第二項及公司法第二百六十七條第一項至第三項規定之限制：一、銀行業、票券業、信託業、保險業、證券業或其他經主管機關核准之法人或機構。二、符合主管機關所定條件之自然人、法人或基金。三、該公司或其關係企業之董事、監察人及經理人。」同條第3項：「普通公司債之私募，其發行總額，除經主管機關徵詢目的事業中央主管機關同意者外，不得逾全部資產減去全部負債餘額之百分之四百，不受公

司債之債券應編號載明發行之年、月、日及第二百四十八條第一項第一款至第四款、第十八款及第十九款之事項，有擔保、轉換或可認購股份者，載明擔保、轉換或可認購字樣，由代表公司之董事簽名或蓋章，並經依法得擔任債券發行簽證人之銀行簽證後發行之（第1項）。有擔保之公司債除前項應記載事項外，應於公司債正面列示保證人名稱，並由其簽名或蓋章（第2項）。」以免再由董事三人簽章。

[8]　王文宇，前揭註5，頁497。

司法第二百四十七條規定之限制。並得於董事會決議之日起一年內分次辦理。」以及「公開發行公司辦理私募有價證券應注意事項」等規定明文以股東會特別決議或董事會特別決議為之[9]。如此說來，非公開發行公司私募公司債之決定機關，嚴格來說，實為法無明文。

2. 學者見解

此問題如何解決？學者提出有下列幾種見解：

(1) 董事會特別決議說

此說又自分二種看法。其一認為，直接適用公司法第246條以董事會特別決議為之[10]。其二認為，本法因就非公開發行公司私募公司債未特設規範，故解釋上應仍適用第246條第1項由董事會決議為之，又該項未特別規定董事會決議之表決比例，故亦一併適用同法條第2項董事會特別決議，以昭慎重[11]。惟不論何種看法，直接適用公司法第246條為董事會特別決議說，乃目前較強力說。

(2) 董事會普通決議說

此說認為，非公開發行公司私募公司債，既法無明文規定，且於立法目的對於公司法私募之要求較為寬鬆，就其決定機關當回歸公司法第202、206條規定，以董事會普通決議為之。

3. 民國107年新增訂之公司法第248-1條

民國107年新修訂公司法第248條第2項開放非公開發行股份有限公司得私募可轉換公司債與附認股權公司債，併增訂同法第248-1條規定：「公司依前條第二項私募轉換公司債或附認股權公司債時，應經第二百四十六條董事會之決議，並經股東會決議。但公開發行股票之公司，證券主管機關另有規定者，從其規定。」核公司法第248-1條增訂理由謂：「公司依第二百四十八條第二項私募轉換公司債或附認股權公司

---

[9]　而就公開發行股份有限公司之「普通公司債」私募決定機關，另有究竟是採「股東會特別決議說」或「董事會特別決議說」之爭議，惟本文係鎖定公司法為討論，證券交易法部分待日後再更深入研討，於此略提。

[10]　王文宇，前揭註5，頁508。

[11]　柯芳枝，前揭註5，頁162。

債時，因可能涉及股權變動而影響股東權益較深，爰明定公司除應經第二百四十六條之董事會特別決議外，並應經股東會決議。惟公開發行股票之公司，證券主管機關另有規定者，則從其規定。另公司依第二百四十八條第二項私募普通公司債時，應依第二百四十六條規定經董事會特別決議，併予敘明。」以此論非公開發行公司私募可轉換公司債或附認股權公司債時，須經公司法第246條董事會特別決議以及公司法第174條股東會普通決議，始得為之；另於其私募普通公司債時，僅須以公司法第246條董事會特別決議，即為已足，於此確認非公開發行股份有限公司私募公司債之決定機關。

參、公司法規定非公開發行公司可私募之公司債「種類」

一、民國107年三讀通過前，非公開發行公司可私募之公司債種類暨經濟部見解

普通公司債對應者，為「特殊公司債」，多見者係為公司法第248條第1項第18款「可轉換公司債」以及同條項第19款「附認股權公司債」。觀公司法第248條、證券交易法第6、7、43-6條等規定，對於公開發行公司而言，並無對於公司債之發行種類有所限制，即除法律另有規定者外，企業當可自由選擇所需求之公司債類型以為私募。另民國107年修法前非公開發行公司私募依據，僅有公司法第248條第2項謂「公司債之私募……」等語，法條文字並無特定何種公司債類型可發、不可發，解釋論上，似是公司法規定之公司債類型均可為私募之。

惟，經濟部在民國90年11月公司法增訂私募規定前，於民國90年6月11日（90）經商字第09002105720號函釋謂：「有關可轉換公司債登記部分，按本部84年12月8日商字第84227280號公告『依公司法第130條第1項第6款規定，於章程訂定公司債可轉換股份數額，就上開章程登記事項，

可即申請登記』，是以，公司於章程訂定公司債可轉換股份數額，如符合
法令程序及要件時，可先申請登記，無須俟真正募集、發行後再申請登記
上開額度。又公司法雖無明定何種類型之公司方可發行可轉換公司債，惟
該法第248條規定募集公司債時應向證券管理機關申請核准，且財政部證
券暨期貨管理委員會所頒訂之『發行人募集與發行有價證券處理準則』第
28條已規定，上市、上櫃公司（不含第二類股票及管理股票）得發行轉換
公司債，是以，未符合上開規定之公司，如先修正公司章程載明可轉換公
司債額度，應有所不妥。」而認非公開發行公司不得發行可轉換公司債。
復經濟部於民國90年11月公司法增訂私募規定後、91年2月證券交易法區
分募集、私募概念前，基於107年修法前之公司法第248條第1項規定「向
證券管理機關辦理之」之法條文字，解釋謂僅有公開發行公司才會向「證
券管理機關」即證券主管機關金管會為申報核准之問題，而認轉換公司債
或附認股權公司債須受證券主管機關審核，故認可轉換公司債與附認股權
公司債僅有公開發行公司得為私募，非公開發行公司不得私募之[12]。嗣證
券交易法第7條明文募集與私募區分後，民國93年函釋再行重申[13]。

二、民國107年三讀通過之公司法第248條第2項

民國107年新修正公司法第248條第2項規定：「普通公司債、轉換公
司債或附認股權公司債之私募不受第二百四十九條第二款及第二百五十條
第二款之限制，並於發行後十五日內檢附發行相關資料，向證券主管機關
報備；私募之發行公司不以上市、上櫃、公開發行股票之公司為限。」修

---

[12] 經濟部民國91年1月24日經商字第09102004470號函釋謂：「公司法第248條第1項規
定：『公司發行公司債時，應載明左列事項，向證券管理機關辦理之……』準此，
公開發行股票之公司始可發行可轉換公司債及附認股權公司債。而同法第262條係公
司債之相關規定，其所稱公司，自指公開發行股票之公司。」

[13] 經濟部93年11月3日經商字第09302177910號函釋：「（要旨：非公開發行公司無發
行可轉債及交換公司債規定）二、其次，本部91年6月13日經商字第09102122160號
函意旨，非公開發行股票之公司，無發行可轉換公司債之適用，又公司法尚無交換
公司債之規定。是以，依公司法尚無未公開發行股票公司私募交換公司債之情事，
至於未公開發行公司得否私募交換公司債，允屬發行人募集與發行有價證券處理準
則規定之解釋範疇。」

訂理由乃基於閉鎖性股份有限公司已放寬私募標的，除普通公司債務，擴及轉換公司債與附認股權公司債。此次修法擴大非公開發行公司之私募公司債類型，允許其得私募轉換公司債與附認股權公司債，以利企業資金運用。

肆、本文拙見 ── 民國91年2月公司法暨證券交易法分軌「募集」與「私募」制度後之立法謬誤

一、本次民國107年公司法第248條第2項、第248-1條修法之缺失

民國107年修法後之公司法第248條第2項、第248-1條規定，看似解決了非公開發行公司私募公司債之決定機關為何，以及其可發行何種公司債類型之問題，然該等規定實衍生更多疑義。

第一，公司法第246條由其立法沿革以及證券交易法第7條解釋，衡見解多認為該條文之「募集」僅指公開發行公司得為公開募集公司債之概念。若按107年增訂之公司法第248-1條立法理由認為非公開發行股份有限公司私募公司債亦適用同法第246條，而認不論私募普通公司債或特殊公司債，均須經董事會特別決議，則公司法第248-1條規定之「私募」條文文字即與第246條「募集」條文文字解釋相互矛盾。學者雖多支持私募公司債直接適用公司法第246條決定機關採董事會特別決議說，但就為何可以「直接適用」？論理基礎何在？並無敘明。故就立法技術而言，最多也僅能規定為「準用」而已。再者，姑且不論公司法第248-1條直接適用之理由為何，非公開發行公司私募轉換公司債與附認股權公司債適用公司法第246條以董事會特別決議為之之程序，係107年增訂之公司法第248-1條是顯規範[14]。然非公開發行公司私募普通公司債直接適用公司法第246條

---

[14] 此另涉及公開發行股份有限公司私募普通公司債之證券交易法第43-6條第3項通說認為其僅須董事會特別決議即可，惟公開發行公司相較於非公開發行公司，對於投資

以董事會特別決議為之之程序，卻是載於同法條之「立法理由」中，其最後仍未在現行法條中明文，實難認為「立法理由」具有「法規效力」[15]。

大眾之影響力較大，卻於非公開發行公司為私募可轉換公司債或附認股權公司債須經董事會特別決議暨股東會普通決議，二者是否有決定機關之情狀失衡，似乎也恐須考慮。

[15] 最高法院104年度台上字第35號民事判決：「按公司法第27條第2項原僅規定：政府或法人為股東時，亦得由其代表人當選為董事或監察人，代表人有數人時，得分別當選。101年1月4日增訂但書『但不得同時當選或擔任董事及監察人』之規定。原審所引立法理由『法人及政府股東當選公司董事或監察人之職務行使者，因未規定不得由其代表人同時當選或擔任公司之董事及監察人，導致諸多公司經營陷入董監狼狽為奸之謬誤，公開發行股票公司若有上述情狀者，對於市場經濟之秩序侵害顏甚，遂據此修訂公司法第二十七條，亦將據此修訂證券交易法第二十六條之三』，係原提案之立法委員之說明，而其提案內容係於該條文增訂第3項『政府或法人為公開發行公司之股東時，除經主管機關核准者外，不得由其代表人同時當選或擔任公司之董事及監察人』，即與當時證券交易法第26-3條第2項規定相同，僅就公開發行公司為規定，但最後係按現行條文通過，未以公開發行公司為限。可見無論是否屬公開發行公司，亦不問該公司之規模，均禁止法人股東之代表人同時當選或擔任董事及監察人，以期發揮監察人之監督功能，落實公司治理。於法人股東之代表人及由該法人百分之百轉投資之法人股東之代表人同時當選或擔任董事及監察人之情形，該二法人形式上雖獨立存在，但後者完全由前者掌控，其代表人實質上係由投資之法人指派，該二法人股東之代表人同時當選或擔任董事及監察人者，與同一法人之數代表人同時當選或擔任之情形無異，應為公司法第27條第2項之文義所涵攝。」
最高行政法院105年8月9日105年8月份第1次庭長法官聯席會議決議要旨：「訴願法第81條第1項：『訴願有理由者，受理訴願機關應以決定撤銷原行政處分之全部或一部，並得視事件之情節，逕為變更之決定或發回原行政處分機關另為處分。但於訴願人表示不服之範圍內，不得為更不利益之變更或處分。』此項本文規定係規範受理訴願機關於訴願有理由時，應為如何之決定。其但書明文規定『於訴願人表示不服之範圍內』，顯係限制依本文所作成之訴願決定，不得為更不利益之變更或處分，自是以受理訴願機關為規範對象，不及於原處分機關。本項規定立法理由雖載有『受理訴願機關逕為變更之決定或原行政處分機關重為處分時，均不得於訴願人表示不服之範圍內，為更不利益之變更或處分』之文字。然其提及參考之民國69年5月7日訂定之『行政院暨所屬各級行政機關訴願審議委員會審議規則』第15條，僅規定受理訴願機關認訴願為有理由時之處理方法，並未規定原行政處分機關於行政處分經撤銷發回後重為處分時，不得為更不利於處分相對人之處分。在法無明文時，尚不得以立法理由所載文字，限制原行政處分機關於行政處分經撤銷發回後重為處分時，於正確認事用法後，作成較原行政處分不利於處分相對人之行政處分，否則不符依法行政原則。因此，原行政處分經訴願決定撤銷，原行政處分機關重為更不

準此，公司法法規本身，仍然無法看出非公開發行公司私募普通公司債之
依據，如此立法仍然沒有解決非公開發行公司私募普通公司債之決定機關
究竟如何之問題，無法歸效力的立法理由直接下指導棋認可直接適用公司
法第246條等云云，要嫌不妥，最多也僅得解釋為立法理由諭明可類推適
用矣矣。

又，經濟部歷來以公司法第248條第1項條文「證券管理機關」（107
年新修正為「證券主管機關」）之文字，認該條項規定僅有公開發行公
司公開募集公司債時，始有適用，而認同條項規定之轉換公司債與附認
股權公司債僅有公開發行公司得為發行。然107年修訂之公司法第248
條第2項：「普通公司債、轉換公司債或附認股權公司債之私募不受第
二百四十九條第二款及第二百五十條第二款之限制，並於發行後十五日內
檢附發行相關資料，向**證券主管機關**報備；私募之發行公司不以上市、上
櫃、公開發行股票之公司為限。」併公司法第248-1條，於私募規定上，
亦使用「證券主管機關」之文字，且規定須向證券主管機關「報備」，即
與經濟部認為「證券主管機關」之文字僅指公開發行公司之主管機關、公
司法第248條第1項僅適用公開發行公司之見解相互扞格。更何況，著實而
言，該文義用語之問題，在民國107年修法前即已存在，經濟部見解實無
法自圓其說。

二、私募制度於引進初之概念上謬誤

民國107年新修之公司法第248條第2項、第248-1條之所以衍生如上揭
所言之更多疑義，追根究柢，實是因公司債私募制度概念，從民國90年11
月、91年2月進行公司法及證券交易法修法增訂「募集」與「私募」分軌
時，即已種下概念上的謬誤。

首先，因公司法就「募集」、「私募」與「發行」三種概念並未明文
定義，參酌證券交易法第7條募集與私募定義之規定，以及同法第8條「發

利處分，並不違反訴願法第81條第1項但書之規定。惟原行政處分非因裁量濫用或逾
越裁量權限而為有利於處分相對人之裁量者，原行政處分機關重為處分時，不得為
較原行政處分不利於處分相對人之裁量，否則有違行政行為禁止恣意原則。」

行」定義規定：「本法所稱發行，謂發行人於募集後製作並交付，或以帳簿劃撥方式交付有價證券之行為（第1項）。前項以帳簿劃撥方式交付有價證券之發行，得不印製實體有價證券（第2項）。」公司法第248條第1項：「公司發行公司債時，應載明下列事項，向證券管理（主管）機關辦理之。」等可知，「發行公司債」的整個程序，應區分為前段的「招資階段」與後段的「發行（證券）階段」，圖示如下：

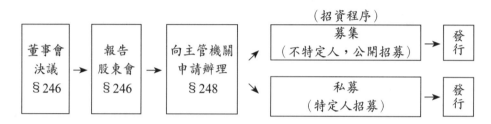

換言之，證券交易法第8條所謂「發行」，係指「於募集後」（真意實應為「招資階段後」）製作並交付有價證券之行為，而為最後招募資金完成後，交付有價證券之最後結果。換言之，完整之「發行公司債」程序，實係指利用向不特定多數人公開募集資金或是向特定人少數人為私募資金之招資方式，予以製作發行完成公司債券之程序。其程序自董事會特別決議通過招資方式發行公司債為始，至製作、發行完成公司債債券為終之整個募資過程。是此，若比照民法總則地位將公司法作為企業法規之總則規範，按公司法第五章第七節公司債章節，對應實務公司債發行程序，公司法第246條第1項應修正為：「公司經董事會決議後，**得發行公司債**。但須將**發行**公司債之原因及有關事項報告股東會。」而為根本性解決無論是公開募集或者私募公司債均須先行董事會特別決議之決定機關爭議。至於是否須再行股東會決議，則視公司是否公開發行或發行公司債種類另行規範。於此，私募公司債究竟是明文直接適用公司法第246條，或於立法理由說明直接適用等情，已不重要。私募可轉換公司債或附認股權公司債若認有特別需要時，僅須規定是否需經股東會決議即可，107年新增訂之第248-1條法規旋屬贅文。

其次，經濟部對公司法第248條第1項「向證券管理（主管）機關辦理

之」之文義解釋認為僅適用公開發行公司公開募集公司債程序，而認非公開發行公司於107年修法前私募公司債不得發行可轉換公司債或附認股權公司債等云，當屬誤解。公開發行公司公開募集公司債按證券交易法第22條規定採「申報生效制」，非向主管機關申報生效，不得為之。而公司為私募者，非公開發行公司按公司法第248條第2項，公開發行公司另按證券交易法第43-6條第5項規定，報請證券主管機關為「報備」或「備查」。惟公司法第248條第1項於民國86年版時係規定「公司募集公司債時，應將左列事項，申請證券管理機關審核之」，至民國90年11月12日引進私募制度時修法為：「公司發行公司債時，應載明左列事項，向證券管理機關辦理之」，可見公司法第248條第1項規定既非「申報」，亦非「報備」或「備查」，而僅是謂「辦理」。易言之，無論公開募集或者私募，實均有公司法第248條第1項適用。即公司法第248條第1項規定僅是在處理公司向證券主管機關辦理「發行」公司債時之「應記載事項」，並非是謂「僅有公開募集可為之」。經濟部在90年11月公司法增訂私募規定前，函釋見解基於私募制度還未引進，故認為非公開發行公司不得發行可轉換公司債或附認股權公司債，尚謂合理；但經濟部在90年、91年公司法以及證券交易法均修法增訂私募制度之後，函釋仍指107年修法前公司法第248條第2項私募不得為轉換公司債或附認股權公司債之見解，就顯荒唐。一時疏誤即謬誤十數年，復另於民國107年修法時以第248條第2項增訂私募得發行轉換公司債與附認股權公司債，該等增訂，無疑等同畫蛇添足，令人些許哭笑不得。

伍、結論

　　非公開發行公司私募得按民國107年新修之公司法第248條第2項規定發行轉換公司債與附認股權公司債，該規定雖是畫蛇添足，然將其明文，雖無益處，亦非壞事，本文尚茲贊同。然就107年新增公司法第248-1條規定，並無法根本性的決定非公開發行公司私募公司債之決定機關，無論是

立法技術，亦或是立論基礎，更甚是就私募制度概念上，影響至證券交易法第43-6條第3項公開發行公司私募普通公司債之決定機關，增訂之公司法第248-1條實無法解決私募公司債之決定機關究竟為何之老問題不談，亦增加新問題致使公司債制度有所缺漏更甚。公司債章節雖是107年修法之小點，惟仍需總則性之通盤檢討為宜，本文於此提出拙見討論之。

國家圖書館出版品預行編目資料

清溪公司法研究會論文集. II：2018年新修正
公司法評析院／黃清溪主編. ――初版.――
臺北市：五南, 2019.05
　面；　公分
ISBN 978-957-763-391-0（平裝）

1.公司法　2.文集

587.207　　　　　　　　　108005422

1UD6

清溪公司法研究會論文集II
――2018年新修正公司法評析

主　　編 ― 黃清溪（290.7）

作　　者 ― 黃清溪、鄭貴中、吳軒宇、詹秉達、莊曜隸
　　　　　　林欣蓉、吳和銘、江佩珊、鄭宇廷、游聖佳
　　　　　　朱雅雯、吳姁、黃偉銘、楊有德、魯忠軒
　　　　　　黃鋒榮

發 行 人 ― 楊榮川

總 經 理 ― 楊士清

副總編輯 ― 劉靜芬

責任編輯 ― 林佳瑩

封面設計 ― 王麗娟

出 版 者 ― 五南圖書出版股份有限公司

地　　址：106台北市大安區和平東路二段339號4樓

電　　話：(02)2705-5066　　傳　　真：(02)2706-6100

網　　址：http://www.wunan.com.tw

電子郵件：wunan@wunan.com.tw

劃撥帳號：01068953

戶　　名：五南圖書出版股份有限公司

法律顧問　林勝安律師事務所　林勝安律師

出版日期　2019年 5 月初版一刷

定　　價　新臺幣320元